Demokratie wagen: Ein neues Wahlrecht des Bürgers
für die Wahl des Deutschen Bundestages
oder
Ende der Posten-Kungelei

Otmar Ambos

Demokratie wagen:
Ein neues Wahlrecht des Bürgers für
die Wahl des Deutschen Bundestages
oder
Ende der Posten-Kungelei

Bibliografische Information der Deutschen Nationalbibliothek:
Die Deutsche Nationalbibliothek verzeichnet diese Publikation in der
Deutschen Nationalbibliografie; detaillierte bibliografische Daten sind im
Internet über
< http://dnb.d-nb.de > abrufbar.

© 2008 Otmar Ambos
Satz, Umschlaggestaltung, Herstellung und Verlag:
Books on Demand GmbH, Norderstedt
ISBN: 978-3-8334-8909-9

Inhalt

Einleitung

»Wir sind das Volk« war der Ruf der Ostdeutschen im Jahre 1989. Mit diesem Ruf reklamierten die ostdeutschen Bürger der DDR ihre Forderung nach Freiheit, nach politischer Selbstbestimmung. Die Schwestern und Brüder aus der ehemaligen DDR wollten sich nicht mehr als Spielball kommunistischer Ideen vermarkten lassen. Sie wollten teilhaben an der freiheitlichen Gestaltung ihres Lebens und den wirtschaftlichen Erfolgen der Bundesrepublik.

Der Ruf des Jahres 1989 ist von den Bürgern der Bundesrepublik zwar vernommen, jedoch nicht aufgenommen worden zur Durchsetzung basisdemokratischer *Rechte* <u>in einer neuen deutschen Verfassung</u>, die das Provisorium »Grundgesetz von 1949« hätte ersetzen können.

Die Bürger der DDR hatten im Zeitpunkt des Beitrittsbeschlusses der Volkskammer der DDR zum Geltungsbereich des Grundgesetzes keine Vorstellung über die »deformierte Demokratie« und über die Strukturen der Parteienherrschaft in der BRD (vor dem Anschluß). Hätten sie die Machtverhältnisse gekannt, wären mit an Sicherheit grenzender Wahrscheinlichkeit im Deutschlandvertrag (ausgehandelt zwischen dem damaligen Bundesinnenminister Dr. Schäuble und dem DDR-Staatssekretär Krause) weitergehende Akzente gesetzt worden, insbesondere hinsichtlich der Schaffung <u>einer Verfassung des Volkes und nicht einer von der Obrigkeit verordneten Verfassung für das Volk</u>, so wie es die Väter des Grundgesetzes in der Präambel von 1949 versprochen hatten.

Bereits im Jahre 1958 sagte der Politiker Gustav Heinemann im Deutschen Bundestag:

»… In Deutschland wird um Demokratie seit 100 Jahren gefochten. Es ist ein sehr leidvolles Kapitel in der Auseinandersetzung um die Demokratie in Deutschland, daß diejenigen Kräfte, die

die Demokratie voranzutreiben, zu entfalten sich bemüht haben, immer wieder diffamiert worden sind. Das ist geradezu ein Kennzeichen unserer deutschen Geschichte in den letzten 110 Jahren (inzwischen 158 Jahren: d. Verf.). Das fing bekanntlich damit an, daß man 1849 die demokratischen Kräfte blutig zusammenschlug. Im Kaiserreich waren die Sozialdemokraten die berüchtigten ›vaterlandslosen Gesellen‹, sie waren die ›Reichsfeinde‹. Aber 1914 (Ausbruch des Ersten Weltkrieges: d. Verf.) erwies sich, daß die ärmsten Söhne auch die treuesten Söhne des Vaterlandes waren.

In der Weimarer Zeit mußten die Sozialdemokraten als die ›Novemberverräter‹ wieder herhalten. Im Dritten Reich war ja alles und Jedes ›kommunistisch‹ … 1945 waren wir ja wohl darin einig, daß wir diese unglückliche Kette deutscher Entwicklung auflösen, durchbrechen wollten, damit diejenigen, die die Demokratie auszugestalten, voranzutreiben sich bemühten, nicht wieder diffamiert werden …«[1]

Doch die Diffamierung eines ganzen Volkes durch die Machteliten der BRD wird munter unter Hinweis auf die fehlenden plebiszitären Elemente im Grundgesetz fortgesetzt. Die »Politische Reife« des Volkes wird 60 Jahre nach Kriegsende und Beseitigung des NS-Regimes weiterhin in Zweifel gezogen. 1949 wurde dem westdeutschen Volk in den Besatzungszonen eine Abstimmung über das vom Parlamentarischen Rat erarbeitete Grundgesetz wegen der ungewissen politischen Verhältnisse verweigert, denn immerhin waren über 8 Millionen Deutsche Mitglied in der NSDAP gewesen. 1989/90 wurde erneut 40 Jahre nach dem Inkrafttreten des Grundgesetzes eine Volksabstimmung über die Einsetzung einer verfassungsgebenden Versammlung verweigert. Eine Öffnung des Grundgesetzes wäre mit einer Mehrheit der Abgeordneten des Bundestages möglich gewesen.

---

[1] Heinemann im Bundestag, Protokoll vom 4.07.1958.

Jetzt wird dieser Weg einer Demokratisierung der Gesellschaft von der im September 2005 gewählten Bundesregierung mit Zustimmung des Bundestages fortgesetzt. Die Deutschen dürfen über die Europäische Verfassung nicht abstimmen. Der Verfassungsentwurf ist dem Volk unbekannt. In anderen europäischen Staaten haben die Bürger ihren Anspruch auf die Mitgestaltung Europas gegen ihre Herrscher durchgesetzt (Holländer, Franzosen). Die Bürger dieser Staaten konnten sich frei entscheiden; der EU-Verfassungsentwurf wurde monatelang in den Völkern unserer Nachbarn diskutiert. In Deutschland gehen die Uhren anders: Der Deutsche braucht immer noch wie vor 150 Jahren seine Bahnsteigkarte. Der Franzose ist seit seiner blutigen Revolution 1789 politischer Bürger erster Klasse geblieben. Er hat sich anders entschieden, als es der Staatspräsident Chirac gefordert hatte!

Seit Jahrzehnten sind alle vielfältigen Mahnungen zur Aufnahme plebiszitärer Elemente in das Grundgesetz ohne Resonanz geblieben. Die Taubheit der Parteien und ihrer Mandatsträger zwingt die Bürger des neuen Deutschlands, über die Möglichkeiten einer »inneren« Veränderung der Republik nachzudenken. Die Mandatsträger müssen aus ihrer geregelten Verantwortungslosigkeit befreit und endlich in die Lage versetzt werden, ihrem <u>Auftrag aus Art. 38 GG, »Vertreter des ganzen Volkes« zu sein</u>, gerecht zu werden.

Das deutsche Volk braucht Köpfe und keine Parteisoldaten. Dazu soll die Lektüre den Weg weisen.

Der Verfasser

I.   Das Grundgesetz von 1949

Über das vom Parlamentarischen Rat ausgehandelte und am 23. Mai 1949 verkündete Grundgesetz gab es keine Volksabstimmung. Ebenso gab es keine Abstimmung über die Fortgeltung des Grundgesetzes nach der Wiedervereinigung der beiden deutschen Teilstaaten im Jahre 1990, obwohl Art. 146 GG (von 1949) beinhaltet:

»Dieses Grundgesetz, das nach Vollendung der Einheit und Freiheit Deutschlands für das gesamte deutsche Volk gilt, verliert seine Gültigkeit an dem Tage, an dem eine Verfassung in Kraft tritt, die von dem deutschen Volke in freier Entscheidung beschlossen worden ist.«

Die Präambel des Grundgesetzes, die es von 1949–1990 hatte, sagt:

»Das gesamte deutsche Volk bleibt aufgefordert, in freier Selbstbestimmung die Einheit und Freiheit Deutschlands zu vollenden.«

Die nach der Wiedervereinigung in der Ära *Kohl* berufene Verfassungskommission unter dem Vorsitz von Prof. Rupert Scholz (CSU) entschied:

Der Art. 146 GG bleibt erhalten und unerfüllt. Weder die Vertreter von CDU/CSU/FDP noch die Sozialdemokraten wollten den Artikel durch eine Abstimmung überflüssig machen.

CDU/CSU/FDP hielten eine Volksabstimmung nicht mehr für erforderlich, weil das Grundgesetz hinreichend legitimiert sei, die Sozialdemokraten wollten die Abstimmung noch nicht. Ihnen gingen die geplanten Änderungen nicht weit genug, um eine Volksabstimmung lohnend zu machen. PDS und Bündnis 90 sahen das zwar anders; Anträge in der Verfassungskommission stellten sie jedoch nicht!

Mahrenholz hat detailliert dargelegt, warum das Grundgesetz seine Bewährungsprobe nicht hat bestehen können. Nach ihm zeigt der Blick in die europäischen Verfassungen, daß Grundrechte, Demokratie und Rechtsstaat zwar überall Grundpfeiler haben, aber erst der Verfassungstext sei es, der diese Prinzipien ausmünzt, der die verfassungsrechtliche Bewährung schafft. Dies zu legitimieren, verbürge Art. 146 GG dem Volk. Auch die Volkskammer der DDR habe ohne Prüfung der Verfassungsartikel das bewährte Grundkonzept des Grundgesetzes bejaht. Doch auch die Volkskammerdebatte zeige – ganz wie es Carlo Schmidt 1949 tat –, daß durch den Beitritt der Volkskammer (zum Geltungsbereich des Grundgesetzes: d. Verf.) nicht das Grundgesetz zur Verfassung des geeinten Volkes wandelt. Das sei durch die Volkskammerabgeordneten Wolfgang Ullmann und Wolfgang Thierse mit ihren Beiträgen deutlich gemacht worden. Damit sei *der Weg zu einer vom vereinten deutschen Volk in freier Selbstbestimmung beschlossenen Verfassung erhalten geblieben als Schritt zur Identitätsbildung des geeinten Deutschlands*.

Mahrenholz hat ferner überzeugend dargetan, daß es nicht auf etwas Neues ankommt, ebensowenig auf die Worte »Grundgesetz oder Verfassung«, sondern auf das »Ja« des Volkes zum Grundgesetz als seiner Verfassung. Von Bedeutung sei für die Volksabstimmung erst die Möglichkeit des Neinsagens. Die Volksabstimmung unterscheide das vermutete »Ja« vom wirklichen »Ja«. Letztlich wird von Mahrenholz auf die Ignoranz der Parteien und die möglichen politischen Folgen hingewiesen, die sich ergeben können, wenn durch politische oder wirtschaftliche Ereignisse eine breite Unzufriedenheit im Volke um sich greift und das Volk die Einsetzung eines Verfassungsrates einfordert. Aufmerksam macht er auch auf die politischen Aktivitäten der Brunner-Anti-Europa-Partei, der PDS in den neuen Bundesländern und an das Bündnis 90 mit den Gründen aus der Spätzeit der alten DDR. Nach den zahlreichen Änderungen des Grundgesetzes hätten auch einmal diejenigen zu Wort kommen sollen, die mit der Verfassung in ganz anderer Weise leben müssen als die politische Klasse.

11

Verfassungsgebende Gewalt des Volkes heiße Selbstbestimmung des Volkes. Es verhält sich selbst zu einem vorgeschlagenen Verfassungstext, eignet sich an oder verwirft, was dort festgesetzt worden ist. <u>In anderen europäischen Staaten mit Nachkriegsverfassungen sei dies selbstverständlich gewesen. Die Verfassung sei die Verfassung des Volkes, nicht die Verfassung für das Volk.</u>

Wer sich die Frage verfügbar mache, ob man das Volk über das Grundgesetz abstimmen lassen solle, der mache sich eben dieses Volk verfügbar.[2]

Die politische Klasse der BRD macht weiter wie bisher. Es ist nicht beabsichtigt, das Volk über den Entwurf der Europäischen Verfassung abstimmen zu lassen, so wie das in anderen Völkern Europas geschehen ist (Kanzlerin Merkel).

An dieser Stelle muß die Frage erlaubt sein, wie lange sich das Volk seine Bevormundung durch die Regierenden noch bieten läßt. Hat das deutsche Volk aus seiner jüngsten Geschichte nichts hinzugelernt?

---

2   Mahrenholz, Spiegel 14/1994.

II.   Grundgesetz ohne plebiszitäre Elemente

Das Grundgesetz legt in Art. 20 fest, daß die Abgeordneten des Deutschen Bundestages in allgemeiner, unmittelbarer, freier, gleicher und geheimer Wahl gewählt werden, und zwar alle vier Jahre. Andere Entscheidungen sieht das Grundgesetz allgemein nicht vor (Ausnahme: Neugliederung des Bundesgebietes nach Art. 29).

Generelle plebiszitäre Elemente (Volksbefragungen, Volksbegehren, Volksentscheide) gibt es nach dem Grundgesetz des Jahres 1949 nicht.

Wie die Wahl zu gestalten ist, bestimmt nicht das Grundgesetz unmittelbar, sondern ein Wahlgesetz des Deutschen Bundestages (Art. 20 Abs. 3).

Vor 50 Jahren, am 26.10.1956 äußerte sich der Abgeordnete Gustav Heinemann (von 1969–1974 Bundespräsident) in der Gesamtdeutschen Rundschau zur Mitwirkung des Volkes wie folgt:

»Jedesmal, wenn Gemeindewahlen vor der Türe stehen, erschallt das Lob der Selbstverwaltung. Dann hören wir schöne Worte von der Gemeinde als der Zelle der Demokratie und der staatsbürgerlichen Mitbestimmung. In Wahrheit aber ist es so, daß der Bürger auch in der Gemeinde nur alle vier Jahre mit seinem Stimmzettel zu Worte kommt und in der Zwischenzeit nichts zu sagen hat. Das gleiche erleben wir im Bund und im Land. Warum haben wir nicht mehr wie früher die Möglichkeit, auch innerhalb der vier Jahre unseren politischen Willen durch Volksbegehren und Volksentscheid zu äußern?

Wir beklagen, daß wir durch das Wahlgesetz gezwungen sind, sogar im kommunalen Bereich in politischen Parteien aufzumarschieren. Wir erstreben, daß wenigstens in den Gemeinden den nicht parteigebundenen Männern und Frauen eine breite

Möglichkeit der Mitverantwortung gewährt wird. Wir fordern, daß hier auch freie Wählergemeinschaften zugelassen werden. Die GVP (aufgelöst 1957: d. Verf.) fordert, daß endlich mit dem Grundgesetz ernst gemacht wird und alle Parteien angehalten werden, über die Herkunft ihrer Gelder Rechenschaft zu geben, <u>damit die Staatsgewalt auf allen Ebenen nicht vom Gelde, sondern vom Volke ausgeht.</u>«[3]

Das Grundgesetz beinhaltet im Gegensatz zu zahlreichen Landesverfassungen keine plebiszitären Elemente zugunsten einer politischen Mitgestaltung des Volkes. Werden im Volk entsprechende Forderungen laut, berufen sich die politischen Machteliten noch nach 58 Jahren auf die Nachkriegsväter des Grundgesetzes, die wegen ihrer Erfahrungen in der Weimarer Republik die Mitwirkung des Volkes an der Gestaltung des Staatswesens nicht in das Grundgesetz aufgenommen haben. In Talkshows (ARD Christiansen 13.02.05) behaupteten die Politiker, daß die BRD eine in Europa gefestigte Demokratie sei. *Warum also die Scheuklappen vor einer Beteiligung des Volkes an der Mitgestaltung unserer Gesellschaft?*

Geleugnet wird schlichtweg die Tatsache, daß das Grundgesetz, anders als die Weimarer Reichsverfassung, keine Ermächtigungsnorm für das Staatsoberhaupt kennt. Der Bundespräsident unserer Tage hat keinerlei Exekutivbefugnisse. Er vertritt die Bundesrepublik völkerrechtlich im Rahmen der vom Bundestag beschlossenen Gesetze; im übrigen hat er *notarielle* Funktionen (Notar des Bundes).

Der Spiegel hat im Gespräch mit der späteren Bundesverfassungsgerichtspräsidentin Jutta Limbach 1994 darauf hingewiesen, daß die Forderung der ostdeutschen Bürgerrechtler, plebiszitäre Elemente in das Grundgesetz aufzunehmen, in der gemeinsamen Verfassungskommission gescheitert ist.

---

3   Heinemann am 26.10.1956 in der Gesamtdeutschen Rundschau.

14

Auf die *Spiegel*-Frage, ob man den Ostdeutschen erklären kann, daß zuviel Bürgerbeteiligung an der Politik dem Grundgesetz schade, hat Frau Limbach wie folgt geantwortet:

»Das wird schwerlich gelingen, denn die Bevölkerung der DDR hat das real-sozialistische Regime selbst abgeschüttelt und einer Demokratie im Sinne des Grundgesetzes selbst den Weg bereitet. Ich bedaure es, daß wir uns in der Verfassungskommission nicht auf die Aufnahme plebiszitärer Elemente verständigt haben. Hier ist viel mit den traurigen Erfahrungen aus der Weimarer Zeit argumentiert worden. Ich halte es für politisch unklug, sich Teilhabewünschen der Bürgerinnen und Bürger zu verweigern. … Es komme darauf an, <u>was ich wie</u> zum Gegenstand eines Volksentscheids mache. Wichtig ist, diesen mit einer entsprechenden Öffentlichkeitsarbeit gut vorzubereiten, was angesichts unserer Medienvielfalt nicht schwerfallen dürfte. Thema eines Volksentscheids können nur politische Grundsatzfragen sein, die sich mit Ja oder Nein beantworten lassen. Es gibt einige grundlegende Entscheidungen in unserem Staat, bei denen man sich darüber vergewissern kann, wie die Bevölkerung denkt. In der Schweiz ist beispielsweise die Frage des Einsatzes von Friedenstruppen an die Bevölkerung adressiert worden.[4]

Der Vollständigkeit halber sei darauf aufmerksam gemacht, daß die im September 2005 abgewählte Koalition (SPD, B 90/Grüne) versucht hat, im Juni 2002 eine Ergänzung des Grundgesetzes herbeizuführen. Die damalige Koalition legte dem Bundestag einen Gesetzentwurf zur Einführung plebiszitärer Elemente vor. Der Gesetzentwurf scheiterte an der fehlenden Zweidrittelmehrheit, die für eine Änderung des Grundgesetzes nötig gewesen wäre.

<u>Die Abgeordneten von CDU/CSU und FDP verweigerten ihre Zustimmung.</u>

---

4   Spiegel 28/1994.

Für die ablehnende Haltung der genannten Parteien war ohne Bedeutung, daß Sachkenner seit Jahren immer deutlicher fordern, den Parteien- und Verbändestaat aufzubrechen. Sie verweisen darauf, daß Volksabstimmungen und mehr Direktwahlen für das Land neue Kräfte freisetzen könnten.

III.   Referendum Europäische Verfassung

Im Mai 2004 sprachen sich der französische Staatspräsident Chirac und der damalige Bundeskanzler Schröder gegen einen Volksentscheid über die EU-Verfassung aus. Entgegen der Auffassung ihres Staatspräsidenten wollten die Franzosen ein Referendum. Schröder verwies auf das Grundgesetz, das einen Volksentscheid nicht kenne. Eine Umfrage des Meinungsforschungsinstituts TNS ergab, daß 70 v.H. der Deutschen über das wichtigste Dokument in der EU-Geschichte abstimmen wollten. Etliche Politiker sprangen plötzlich und unerwartet auf das Pferd. FDP-Chef Westerwelle, sein CSU-Kollege Stoiber und immer mehr SPD-Landesverbände, zuletzt auch das Saarland, wünschten die Beteiligung des Volkes. Fragen von grundsätzlicher Bedeutung wurden gestellt, vernehmbar und fordernd. Der *Spiegel* (31/2004) stellte folgende Fragen:

1) Sollen die Deutschen 55 Jahre nach Gründung der Bundesrepublik erstmals per bundesweiter Volksabstimmung direkt entscheiden dürfen?
2) Sind sie politisch reif genug, »mehr Demokratie« zu wagen, wie Willy Brandt es propagiert hatte?
3) Oder droht der repräsentativen Demokratie, deren beschwerliche Verfahren vor allzu großer Gewühlsaufwallungen schützen, ernsthafter Schaden, wenn sich Bürger nicht mehr nur alle vier Jahre einmischen dürfen?

Auch der damalige Bundestagspräsident Thierse und der Grünen-Chef Büttikover sprachen sich an der Seite von Westerwelle (FDP) und Stoiber (CSU) für ein Referendum aus. Stoiber hielt eine Abstimmung für eine »große Chance«, der Oberliberale fand sie »großartig« und Thierse (SPD) hielt das Referendum für »ideal«.

Gegen diese seinerzeit fortschrittliche Gruppe standen andere Mächtige: Angela Merkel, Gerhard Schröder und Joschka Fischer.

Die Süddeutsche Zeitung stellte die Frage, wie lange das Bollwerk hält. Wenn rundherum die Völker sprechen, sollten die Deutschen nach der Zeitung nicht schweigend abseits stehen. Und Springers »Welt« stellte nüchtern fest:

»Die EU ist zu wichtig, als daß man sie den Politikern überlassen sollte.« (Spiegel 31/2004)

Jetzt stand mit der Ratspräsidentschaft der Bundeskanzlerin Merkel erneut die Frage der Öffnung des Grundgesetzes zwecks Beteiligung des Volkes zur Disposition. Es hat sich stets gezeigt, daß das Parlament seine Chance nicht genutzt hat.

Reichsfreiherr vom und zum Stein leitete mit seiner Nassauer Denkschrift 1807 (vor 200 Jahren), noch während der Herrschaft Napoleons, die stärkere Beteiligung des Bürgers an den öffentlichen Angelegenheiten ein. Er schuf die ersten Ansätze zur städtischen Selbstverwaltung. Wenige Jahre später, nach der Beseitigung der napoleonischen Herrschaft, verfolgte der Wiener Kongreß 1815 das Ziel, die Herrschaft der Monarchen zu bestätigen und ein europäisches Gleichgewicht zu schaffen. Leider hat die Ratspräsidentschaft Deutschlands in der EU 2007 die Verhältnisse nicht zugunsten einer Bürgerabstimmung verändert.

Festzustellen bleibt, daß das Volk nur alle vier Jahre zum Urnengang benötigt wird, um die Aussage des Grundgesetzes (Art. 20 Abs. 2), es handele sich um eine repräsentative Demokratie, als Legitimationsnachweis zu bestätigen.

IV.   Der Souverän (das Volk) und die Parteien

Am 29.1.1955 – etwa 5 Jahre nach dem Inkrafttreten des Grundgesetzes – sagte der Politiker Gustav Heinemann auf einer Kundgebung in der Frankfurter Paulskirche:

»Der Bürger, der nur resigniert, muß dulden, was man ihm diktiert.

Rechte Demokratie erfordert ein Zusammenspiel von Parlament und öffentlicher Meinung. Das Parlament hat die ihm von der Verfassung zugemessene Aufgabe und Verantwortung. Die öffentliche Meinung aber bleibt Quelle und Grundlage seines Handelns. Der Staatsbürger ist nicht Objekt eines Parlamentswillens, sondern der höchste Souverän auch gegenüber dem Parlament.«

Erstaunlich die Weitsicht dieses Politikers. Zu dieser Zeit war die BRD fest im Griff der CDU/CSU/FDP.

Der Philosoph Karl Jasper stellte 1966, elf Jahre nach Heinemann, die Frage »<u>Wohin treibt die Bundesrepublik?</u>«. Jasper beschrieb damals den Weg von der Demokratie zur Parteienoligarchie. Die Frage, ob die Deutschen Träger des Staates seien, verneinte er. Die Deutschen seien zumeist Untertanen, nicht Träger des Staates. Sie wählen alle vier Jahre einen ihnen vorgelegte Liste, aber wissen eigentlich nicht was. Denn sie haben sich zu fügen: Zunächst den Vorschlägen der Parteien, dann (in der Folge nach der Wahl) der Obrigkeit, die sich für die Autorität auf das Volk beruft, das sie gewählt habe. Die Struktur des Staates habe zwei Seiten: <u>einerseits</u> das institutionell Festgelegte und die Gesetze, <u>andererseits</u> das, was ihnen und durch sie geschieht auf Grund der Motive der Menschen, denen sie entsprungen sind, oder auf Grund anderer diesen widersprechenden Motiven, die die Institutionen mißbrauchen. Auf die Frage, ob unser Staat eine Demokratie sei, pflegt die Antwort zu sein: »Ja, eine parlamentarische Demokratie. Das

Grundgesetz bezeugt es.« Alle Staatsgewalt geht vom Volke aus (Art. 20). Weiter Jaspers.

<u>Aber wie sieht die Realität aus?</u>
Die Verfasser des Grundgesetzes scheinen vor dem Volk Furcht gehabt zu haben. Denn dieses Gesetz schränkt die Wirksamkeit des Volkes auf ein Minimum ein. Alle vier Jahre wählt es den Bundestag. Die ihm von den Parteien vorgeschlagenen Listen oder Personen sind schon vorher durch die Parteien gewählt. Der Vorgang dieser verborgenen Vorwahl, die die eigentliche Wahl ist, ist verwickelt, die Namen für die Wahlkreislisten und die Landeslisten werden nicht auf die gleiche Weise aufgestellt. Immer aber sind es die Parteigremien, nie das Volk, das an diesem entscheidenden Anfang beteiligt sein müßte. Man muß Parteimitglied sein, um bei dieser Wahl irgendwo mitwirken und um aufgestellt werden zu können. Auch wer Parteimitglied ist, hat als solches nur eine geringe Wirkung bei den Nominierungen. Entscheidend wählen die Parteihierarchie und die Bürokratie. Bei der Aufstellung der Landeslisten hat das Parteimitglied als solches keine Mitwirkung. Es wählt die, die schon von der Partei gewählt sind, und es hat nur noch Einfluß auf die Zahl der von der Partei Gewählten, die Parlamentarier werden. Das Volk (der einzelne Wahlbürger) kann die Vorschläge nur annehmen oder ablehnen.«[5]

<u>Der Abgeordnete als Parteisoldat</u>
Der Abgeordnete unserer Zeit wird nicht mehr als eine von seinen Wählern respektierte Persönlichkeit, ungeachtet seiner Parteizugehörigkeit, in das Parlament gewählt. Er erfährt Zustimmung oder Ablehnung im wesentlichen als Kandidat oder Repräsentant seiner Partei. Die über die jeweiligen Landeslisten Gewählten erhalten ihr Mandat durch die Partei. Auch wenn bekannte Per-

---

5   Jaspers in »Wohin treibt die Bundesrepublik?«, Piper 1966.

20

sönlichkeiten, herausragende Vertreter wichtiger Berufsgruppen auf der Landesliste stehen, ist das ausschließlich das Ergebnis des politischen Willens der jeweiligen Landesparteien. Sie allerdings werden immer provinzieller. Es ist immer schwieriger geworden, wenn nicht gar unmöglich, der regionalen Partei herausragende Persönlichkeiten oder in Bonn (früher Regierungssitz: Der. Verf.) dringend benötigte Experten für die Landeslisten zu empfehlen, wenn die potentiellen Kandidaten nicht die politische Ochsentour gegangen sind und damit über die für ihre Nominierung erforderliche Hausmacht verfügen.

Für die Direktkandidaten in den Wahlkreisen gilt diese Charakterisierung noch viel stärker. Das Selbstbewußtsein der jeweiligen Wahlkreisorganisation der Partei läßt es nicht zu, daß ihnen Kandidaten in den Wahlkreisen »aufs Auge« gedrückt werden, die für die Partei gewonnen werden können. Bei reinen Zählkandidaturen ist das anders. Da kann ein Fremder sehr wohl Wahlkreiskandidat werden, insbesondere dann, wenn zu erwarten ist, daß ihn die Landespartei auf einen aussichtsreichen Listenplatz setzt und so der Wahlkreis über die Landesliste zu einem Abgeordneten dieser Partei kommt. Denn das stärkt die politische Potenz und das Ansehen einer ansonsten eher schwachen regionalen Parteiorganisation. Der frühere Politiker Hans Apel (SPD) beschreibt eindrucksvoll, in welcher Weise die Auswahl der Kandidaten durch kleine Gruppen stattfindet. Er bestätigt in seinem 1991 erschienenen Buch »Die deformierte Demokratie« (DVA) die Aussagen Karl Jaspers aus dem Jahre 1966, daß das normale Parteimitglied bestenfalls einen formalen Einfluß auf die Zusammensetzung der Landesliste seiner Partei hat. Selbst der Einfluß des gewählten Delegierten sei gering. Er könne erst dann wachsen, wenn sich Delegierte in »Kungelkreisen« zusammenfänden, um ihren Leuten aussichtsreiche Listenplätze zu sichern. So würden immerhin 50 v. H. aller Bundestagsmandate vergeben (weiter Apel).

Der Wettbewerb der Parteien und ihr Expansionsdrang, ihr Machtanspruch, ihre abnehmende Bodenhaftung, die unterentwickelte innerparteiliche Demokratie, der Zugriff auf die Staatsfinanzen untergraben die Prinzipien unserer parlamentarischen Ordnung, gefährden die Funktionsfähigkeit.[6]

Der <u>Philosoph Jürgen Habermas</u> äußerte sich zwei Jahre nach Apel im *Spiegel* 28/1993 ähnlich:

»Auf der einen Seite wächst der demokratische Unwille über die Verstaatlichung von Parteien, die so sehr zum Bestandteil des politischen Systems geworden sind, daß sie das Publikum der Staatsbürger, aus deren Mitte sie agieren und deren Bedürfnisse sie artikulieren müßten, nur noch als Umwelt, also als Manövriermasse zur Beschaffung von Massenloyalität wahrnehmen.«

---

6 Apel in »Die deformierte Demokratie«, 1991, DVA.

V. Die Wahl und ihre Bedeutung für das Volk

»Das Heil der Demokratie hängt von einer geringfügigen technischen Einzelheit ab: Vom Wahlrecht. Alles andere ist sekundär.«

Ortega Y Gasset in »Aufstand der Massen, 1929«

»Bei Wahlen geht es unmittelbar um den Erhalt oder Verlust der Macht im Staate, ja sogar um die Existenz von Parteien oder Wählergemeinschaften. Damit gehört das Wahlrecht zu den fundamentalen, hochpolitischen und hochpolitisierten Regeln des Machterwerbs und Machterhalts, was durch die komplizierte Technizität des Wahlrechts oft verdeckt wird. Die Einführung des Mehrheitswahlrechts oder das Verhältniswahlrecht mit Sperrklauseln kann kleineren Parteien den Einzug ins Parlament verwehren und sie so in die politische Bedeutungslosigkeit dahinschwinden lassen. Für große Parteien kann von der Ausgestaltung des Wahlrechts abhängen, ob sie die wenigen Stimmprozente gewinnen oder behalten, die in der Bundesrepublik oft über die Regierungsmehrheit oder Opposition entscheiden. Das Wahlrecht kann darüber hinaus bestimmen, <u>ob die Abgeordneten am Ende jeder Wahlperiode um die Erneuerung des Vertrauens der Bürger kämpfen müssen oder ob sie praktisch unabsetzbar sind,</u> etwa weil die Wähler denen, die auf sicheren Listenplätzen sitzen, ohnehin nichts mehr anhaben können.

Im Wahlrecht wird dann auch besonders deutlich, wie intensiv die politische Klasse auf die Institutionen zugreift und sie ihren Eigeninteressen dienstbar zu machen sucht, gar wie die politischen Akteure die Wahlgesetze in ihrem Sinne gestaltet haben

- durch Ausschaltung von kommunalen Wählergemeinschaften und Konkurrenzparteien im Wege von gesetzlichen Verboten und Sperrklauseln (Abschottung der etablierten Parteien vor Konkurrenz)

23

– durch Aufwertung von parteiinternen Positionen und Ab-
  wertung des Einflusses der Wähler im Wege der Errichtung,
  der Verteidigung und des Ausbaus des Verhältniswahlrecht
  mit starren Listen (Abschottung der parteiinternen etablierten Kandidaten vor Konkurrenz).

Auf diese Weise wurde die Konkurrenz stark eingeschränkt. Aus
Wettbewerb wurde immer mehr ein Oligopol oder gar ein politisches Kartell, womit wiederum der Nährboden für das Her-
anwachsen und Erstarken einer politischen Klasse bereitet und
immer weiter verbessert wurde.«[7]

---

7   V. Arnim in »Das System«, 2001, Droemersche Verlagsanstalt.

VI. Wahlsysteme

Das Wahlsystem ist das Verfahren, das den Ablauf der Wahl wie die Umsetzung der Stimmenverteilung in Mandate bestimmt. Es regelt die Aufteilung des Wahlgebietes in Wahlkreise nach der Größe oder der Zahl der Wahlberechtigten. Das *System* legt fest, ob der Wähler eine oder mehrere Stimmen abgeben darf und ob er sie auf die Parteilisten verteilen darf (Kumulieren oder Panaschieren) und es legt fest, nach welcher Methode die Stimmen in Mandate umgerechnet werden. Als Grundtypen stehen sich heute das Verhältnis- und das Mehrheitswahlrecht gegenüber.

Die Verhältniswahl

Bei der Verhältniswahl zielt das politische System darauf ab, das ganze Wahlspektrum im Parlament zu repräsentieren. Die Anzahl der Sitze einer Partei soll die Zahl der Stimmen, die sie erhalten hat, widerspiegeln. Deshalb wird der Anteil der Parteistimmen mit Hilfe mathematischer Methoden (nach d'Hondt oder Hare-Niemeyer) möglichst genau auf die Zahl der Mandate umgelegt. Wenn es keine Sperrklauseln gäbe, wären selbst kleinste Gruppierungen im Parlament vertreten. Hieraus können sich natürlich Schwierigkeiten für eine Regierungsbildung ergeben, wenn sich keine Mehrheiten finden. Die reine Verhältniswahl ohne Sperrklauseln finden sich in Israel und den Niederlanden. In der BRD findet die Verhältniswahl mit gesetzlichen Sperrklauseln statt. Dieses Wahlsystem schließt kleine Parteien von der Mandatsverteilung aus, und verteilt die Sitze proportional unter den erfolgreichen Parteien.

Die Mehrheitswahl

Dieses Wahlrecht zielt darauf ab, das Wahlergebnis in klare Parlamentsmehrheiten umzusetzen, so daß in der Regel der Zwang zur Koalitionsbildung entfällt (England). Der Kandidat mit den meisten Stimmen in einem Wahlkreis zieht in das Parlament ein. Bei Stimmengleichheit entscheidet das Los oder es wird eine Stichwahl durchgeführt (Frankreich). Die für die sonstigen Wahlkreiskandidaten abgegebenen Stimmen fallen »unter den Tisch«.[8]

Verhältniswahl und Mehrheitswahl im Vergleich
Im folgenden werden die Vorteile des einen und des anderen Wahlsystems aufgelistet, und zwar nach den von den jeweiligen Anhängern erwarteten politischen Auswirkungen.

Vorzüge der Verhältniswahl nach dem normativen Ansatz:
1) Repräsentation möglichst aller Meinungen und Interessen im Parlament im Verhältnis ihrer Stärke unter der Wählerschaft.
2) Verhinderung allzu künstlicher politischer Mehrheiten, denen keine wirkliche Mehrheit in der Wählerschaft entspricht und die nur das Ergebnis institutionaler Eingriffe in den politischen Willensbildungsprozeß darstellen.
3) Förderung vereinbarter Mehrheiten durch Aushandeln und Kompromisse, an denen verschiedene gesellschaftliche Kräfte, ethnische/religiöse Gruppen beteiligt sind.
4) Verhinderung extremer politischer Umschwünge, die weniger das Ergebnis grundlegender Veränderungen der politischen Einstellungen der Wählerschaft sind als vielmehr Folge des »Verzerrungseffektes« eines Wahlsystems.
5) Berücksichtigung gesellschaftlicher Wandlungen und neuer politischer Strömungen, parlamentarische Vertretung zu erlangen.
6) Verhinderung eines Kartells etablierter Parteien oder sogenannter Parteiensysteme, in denen eine Partei ihre dominierende Position im wesentlichen dem Wahlsystem verdankt und ein demokratischer Wechsel erschwert, wenn nicht gar verhindert wird.

Die von Nohlen zu 6) beschriebenen Vorzüge sind für mich nicht nachvollziehbar, weil die Kartelle etablierter Parteien in der BRD

---

8   Nohlen in »Wahlrecht und Parteiensystem«, 2004, Leske und Budrich

gerade jenes bisher gefördert haben, was verhindert werden sollte.

<u>Vorzüge der Mehrheitswahl:</u>
1) Verhütung der Parteienzersplitterung. Kleine Parteien haben geringe Chancen, Parlamentsmandate zu erreichen.
2) Förderung der Parteienkonzentration in Richtung auf die Herausbildung eines Zweiparteiensystems.
3) Förderung stabiler Regierungen in Form parteilicher Mehrheitsregierungen.
4) Förderung politischer Mäßigung, da die politischen Parteien, die miteinander konkurrieren, um die gemäßigte Wählerschaft der Mitglieder kämpfen, die sie sich gegenseitig streitig machen müssen, und mit einem Wahlsieg auch die politische Verantwortung übernehmen müssen, also ihr Programm an der gemäßigten Wählerschaft und an dem Machbaren ausrichten.
5) Förderung des Wechsels in der Regierungsausübung, da geringe Veränderungen in den Stärkeverhältnissen der Parteien nach Wählerstimmen große Veränderungen nach Mandaten auslösen können.
6) Herbeiführung der Entscheidung über die Regierungsführung direkt durch die Wähler in der Wahl und nicht durch die Parteien in Koalitionsverhandlungen nach der Wahl (Nohlen, a.a.O.).

Beispiel: Wochenlange Kungelrunden nach der Wahl in der BRD um Programme, Posten etc. (Ambos).

Übersicht

Verhältniswahl und Mehrheitswahl im Vergleich

Tendenzielle Auswirkungen	Mehrheitswahl	Verhältnis-wahl
Zweiparteiensystem	Ja	Nein
Parteiliche Mehrheitsbildung	Ja	Nein
Stabile Regierungen	Ja	Nein
Koalitionsregierungen	Nein	Ja
Eindeutige Zurechnungsfähigkeit der politischen Verantwortung	Ja	Nein
Gerechte Repräsentation	Nein	Ja
Chancen für neue politische Strömungen	Nein	Ja

Die Argumente für das eine oder andere System liegen auf der demokratietheoretischen Ebene. Auf ihr ist nicht zu entscheiden, ob der Befähigung einer Partei zur Mehrheit Vorrang eingeräumt werden soll gegenüber der politischen Repräsentation möglichst aller gesellschaftlichen Kräfte. Die funktionale Demokratietheorie <u>favorisiert</u> eindeutig die Mehrheitswahl, die partizipatorische Demokratietheorie hält an der Verhältniswahl fest (von Alemann 1973). **Eine kleine Partei wird nie für eine Mehrheitswahl sein, denn dann kann sie nicht mehr Zünglein an der Waage bei der Regierungsbildung sein.**[9]

---

9   Nohlen a.a.O.

VII. Das personalisierte Verhältniswahlsystem in der BRD

Der Deutsche Bundestag wird seit 1949 unverändert nach den Grundsätzen einer mit der Personenwahl verbundenen Verhältniswahl gewählt (§ 1 WG). Ursprünglich hatte der Wähler nur eine Stimme. Seit der Reform des Wahlgesetzes 1953 verfügt der Wahlbürger über zwei Stimmen: <u>Über eine Erststimme zur Wahl des Direktkandidaten in Einerwahlkreisen nach relativer Mehrheit sowie über eine Zweitstimme für die Wahl einer starren Parteiliste auf Länderebene. Die Hälfte der Bundestagsabgeordneten (ca. 300) sind Parteien- = Listenplatz- = Kandidaten.</u>

Zur Berechnung der Zahl der Mandate der einzelnen Parteien wird jedoch ausschließlich der Stimmenanteil auf Bundsebene herangezogen. Nur die Zweitstimmen auf Bundesebene entscheiden darüber, wie viele Abgeordnete jede Partei in den Bundestag entsendet. Berücksichtigt werden bei der Mandatszuteilung nur die Parteien, die entweder 5 % der Stimmen oder eine bestimmte Zahl der Wahlkreismandate erhalten haben. Die Sperrklausel wurde 1953 und 1956 erheblich verschärft. Während bei der Bundestagswahl 1949 die Parteien nur in einem Bundesland 5 % der Stimmen oder ein Direktmandat zu erzielen brauchten, um an der Mandatsvergabe teilhaben zu können, müssen sie seit 1953 im gesamten Bundesgebiet (einmalige Ausnahme 1990!) die Sperrklausel erreichen. 1956 wurde die Zahl der erforderlichen Wahlkreismandate *auf drei erhöht*.

Die Zahl der jeder Partei zustehenden Mandate wird in einer doppelten Anwendung des Verrechnungsverfahrens ermittelt. Im ersten Zuteilungsverfahren wird die Zahl der jeder Partei zustehenden Mandate im Bundestag festgestellt. Bei diesem Verfahren werden die auf Landeslisten der Parteien entfallenen Zweitstimmen auf Bundesebene addiert. Nach dieser Gesamtstimmenzahl werden unter Anwendung des zuvor genannten Verrechnungsverfahrens die jeder Partei zustehenden Mandate ermittelt. An der

Mandatsverteilung nehmen nur die Parteien teil, die die Sperrklausel übersprungen haben. Im zweiten Zuteilungsverfahren werden nach der Methode Hare/Niemeyer die den Parteien auf der Bundesebene zugesprochenen Mandate auf die Landeslisten der Parteien verteilt. Erst nachdem feststeht, wie viele Mandate den Parteien in den einzelnen Bundesländern zustehen, erfolgt die Anrechnung der in den Wahlkreisen des jeweiligen Bundeslandes gewonnenen Direktmandate. Die jeweiligen Direktmandate werden dabei abgezogen, der Rest wird über die Landesliste vergeben. Hat eine Partei mehr Wahlkreismandate mit den Erststimmen gewinnen können, als ihr nach dem Anteil der Zweitstimmen zustehen, so bleiben ihr diese Überhangmandate erhalten, und die Gesamtzahl der Abgeordneten ist vorübergehend erhöht.[10]

---

10 W.v.

VIII. Die Bewertung des Wahlsystems der BRD

Das derzeitige Verhältniswahlrecht hat sich weder als demokratie-fördernd noch als staatstragend erwiesen; <u>es fördert die organisierte Verantwortungslosigkeit der Abgeordneten. Art.</u> 38 Abs. 2 GG bestimmt, daß der Abgeordnete an Aufträge und Weisungen nicht gebunden und nur seinem Gewissen unterworfen ist. Faktisch wird diese Vorschrift durch die Macht der Partei- und Fraktionsvorsitzenden weitgehend außer Kraft gesetzt. Beispielhaft sind die Vorgänge in der letzten Wahlperiode, als ein Fraktionsvorsitzender den Abweichlern seiner Partei sinngemäß erklärte, daß sie sich – falls sie bei der Abstimmung im Bundestag ihrem Gewissen folgen sollten – bei der nächsten Wahl von ihrem Gewissen auf der Parteiliste aufstellen lassen sollen. Der Vorgang zeigt in eindeutiger Weise, daß das jetzige Wahlsystem mit der Vorrangstellung der Parteilistenkandidaten den mündigen Kandidaten ignoriert. Der Parteilistenkandidat muß faktisch der vorgegebenen Parteilinie im Parlament folgen, sonst droht ihm der Verlust des Listenplatzes bei der nächsten Wahl. <u>Ein unwürdiges Spiel in einer demokratischen Gesellschaft.</u> Die Abhängigkeit des Abgeordneten von der Partei lähmt zwangsläufig die eigenverantwortliche Mitwirkung der Listenplatz-Abgeordneten an der Gestaltung des Staatswesens. Der Abgeordnete wird aus seiner Verantwortung, Vertreter des ganzen Volkes zu sein, entlassen. Erstaunlich ist, daß bisher kein »unter Druck« gesetzter Mandatsträger den Weg in die Öffentlichkeit gegangen ist.

<u>Mehrheitswahlrecht</u>

Anders liegen die Verhältnisse bei der relativen Mehrheitswahl nach englischem Vorbild. Das Mehrheitswahlrecht beseitigt die Machtstellung jener Parteien, die keine Direktmandate erzielen, sondern nur über die Parteilisten in den Bundestag einziehen. In England ist gewählt, wer sich in seinem Wahlkreis durchsetzt. In Frankreich hingegen ist in einem ersten Wahlgang nur der Kandidat gewählt, der die absolute Mehrheit der Stimmen gewonnen hat. Hat kein Kandidat die absolute Mehrheit der Stimmen erlangt, findet ein zweiter Wahlgang statt (Stichwahl). In diesem reicht die relative Mehrheit der Stimmen aus.

<u>Die Mehrheitswahl begünstigt die großen Parteien, sie führt zu klaren Mehrheiten im Parlament.</u> Kleine Parteien können nicht, wie in der BRD, als Mehrheitsbeschaffer auftreten und der jeweiligen Situation entsprechend mit unverschämten Forderungen (pokern um die Zahl der Minister und der parlamentarischen Staatssekretäre) die Beteiligung an der Regierungsbildung erzwingen.

Eindrucksvoll ist die Rolle des Abgeordneten im Verhältnis zu seinen Wählern. **Mit der Herstellung des freien Direktmandats erlangt der Abgeordnete für sein Handeln im Parlament die unmittelbare Verantwortung gegenüber seinen Wählern.**

Er kann und muß sein Tun verantworten und in regelmäßigen Abständen gegenüber den Wählern vertreten. <u>Der Abgeordnete ist kein Erfüllungsgehilfe oder Befehlsempfänger seiner Partei!</u>

Durch die Stellung des Abgeordneten inmitten seiner Wählerschaft wird basisdemokratisches Verhalten herbeigeführt. Jene Grundstimmung wie in der BRD »Die da oben machen ohnehin was sie wollen« kann nicht entstehen. Dadurch, daß die Partei keinen totalen Zugriff auf den Wahlkreiskandidaten hat (keine Parteilisten!), gestaltet sich die Parlamentsarbeit konstruktiver. Es kommt nicht auf den Willen von »Parteisoldaten« oder »Vorbeter« als Fraktionsvorsitzende an, sondern auf die Intellektualität des einzelnen Abgeordneten. »Der Totalausfall Deutschlands im Vergleich mit den Briten zeigt, daß es auf der Insel eine effiziente Demokratie gibt. In England existieren keine 16 Bundesländer und es gibt keinen Bundesrat. Blair, der mit 44 % der Stimmen 63 % der Unterhausmandate gewann, brauchte keine Koalition, weil er klare Mehrheiten hatte, keine Verhandlungen, weil in Großbritannien die Mehrheit entscheidet, und nichts als die Mehrheit.«

Der einstige FDP-Staatssekretär und heutige britische Lord Ralf Dahrendorf sagte mit Blick auf die große Koalition:

»Das Mehrheitswahlrecht übersetzt die tendenzielle Stimmung des Wahlvolkes in eine funktionsfähige Regierung. Ich halte diese Übersetzung für viel wichtiger als eine prozentgenaue Repräsentanz aller Gruppen im Bundestag.«[11]

---

11 Darnstädt in »Die Konsensfalle«, 2004, DVA.

IX. Das Wahlrecht der BRD im Rückblick (Historie)

Im Parlamentarischen Rat traten nach anfänglichem Zögern vor allem CDU und CSU für die Einführung des relativen Mehrheitswahlrechts ein. Damals übte die sogenannte »Deutsche Wählergesellschaft« einen nicht unerheblichen Einfluß aus. Namhafte Abgeordnete des Parlamentarischen Rats haben sich grundsätzlich für die Mehrheitswahl ausgesprochen, damit jedoch die Zeit noch nicht für gekommen gehalten (Theodor Heuß [FDP] und Carlo Schmidt [SPD]). Heuß formulierte:

»Das Mehrheitssystem der einfachen Machtentscheidungen wird dann vielleicht sinnvoll, wenn wir echte Entscheidungen zu treffen haben. Das haben wir auf lange, lange Zeit hinaus nicht.«[12]

Damals in den ersten Jahren nach dem Kriegsende standen der Einführung des Mehrheitswahlrechtes wichtige Gründe entgegen. Der politische und soziale Körper des Volkes war nicht gefunden, es bestand alliiertes Besatzungsrecht. Diese Hinderungsgründe sind spätestens mit der Wiedervereinigung 1989/90 entfallen. Der Parlamentarische Rat hat sich für die Einführung des Verhältniswahlrechtes ausgesprochen, um zum einen eine gewisse wertmäßige Offenheit bei den Gesetzesberatungen durchzusetzen und zum anderen mögliche Entscheidungen des künftigen Bundesgesetzgebers nicht zu präjudizieren. Die Forderung von CDU/CSU nach Einführung der relativen Mehrheitswahl war vom Wahlrechtsausschuß des Parlamentarischen Rates aus den zuvor genannten Gründen abgelehnt worden.[13]

---

12 Jaspers, a.a.O.
13 Apel, a.a.O.

<u>Erfolgloser Versuch zur Einführung des Mehrheitswahlrechts in der BRD</u>

Der größte Anlauf zu einer grundlegenden Reform des Wahlrechts nach dem Inkrafttreten des Grundgesetzes erfolgte in der Zeit der großen Koalition (CDU/CSU/SPD) von 1966–1969. In seiner Regierungserklärung setzte sich Bundeskanzler *Kiesinger* für die Einführung eines mehrheitsbildenden Wahlsystems ein. Daß es überhaupt zu ernstzunehmenden Initiativen kam, lag daran, daß die CDU glaubte, keine Rücksicht mehr auf ihren bisherigen Koalitionspartner FDP nehmen zu müssen, nachdem die FDP-Minister 1965 die Regierung Erhard verlassen und damit die Koalition mit der CDU/CSU aufgekündigt hatten. **Damals hatten sich die Union und die SPD auf die Einführung des einfachen Mehrheitswahlrechts geeinigt.** Auch sechs der sieben Sachverständigen eines vom Bundesinnenministers berufenen »Beirats für Fragen der Wahlrechtsreform« votierten für die Mehrheitswahl. Das Projekt scheiterte dennoch, und zwar aus rein machtpolitischen Gründen:

Nachdem sich abgezeichnet hatte, daß die FDP bei der Wahl des Bundespräsidenten Gustav Heinemann mit der SPD zusammengehen würde, sah die SPD-Spitze die Möglichkeit zu einer SPD/FDP-Koalition nach der Bundestagswahl von 1969. **Die SPD scherte deshalb in letzter Minute aus, so daß das Projekt »Mehrheitswahl« nicht mehr zustande kam.**[14]

---

14 V. Arnim mit weiteren Quellenangaben.

X.   Das Parteiengesetz und seine Erfüllung

Nach Art. 21 Abs. 1 GG wirken die Parteien bei der politischen Willensbildung des Volkes mit. Das Nähere regeln Bundesgesetze.

Das hierzu erlassene Parteiengesetz nennt
- die Einflußnahme auf die Gestaltung des öffentlichen Lebens
- die politische Bildung der Bürger anregen und vertiefen
- die aktive Teilnahme der Bürger am politischen Leben fördern
- zur Übernahme öffentlicher Verantwortung befähigte Bürger heranbilden
- sich durch Aufstellung von Bewerbern an den Wahlen im Bund, in den Ländern und Gemeinden beteiligen
- auf die politische Entwicklung im Parlament und in der Regierung Einfluß nehmen
- die von ihnen erarbeiteten politischen Ziele in den Prozeß der staatlichen Willensbildung einführen und
- für eine ständige lebendige Verbindung zwischen dem Volk und den Staatsorganen sorgen.

<u>Soweit die Auftragslage.</u>

Für diese vielfältigen Aufgaben erhielten die Parteien und ihre Stiftungen jährlich etwa 350 Millionen DM. Der Euro-Betrag ist dem Verfasser nicht bekannt.

Der Verwaltungswissenschaftler und Parteienkritiker v. Arnim stellte folgende Fragen an die Parteien, die Hilfs- und Ersatzorganisationen und <u>an alle Amtsträger, die ihre Besoldung ihrer Mitverantwortung verdanken</u>:

1) Regen die Parteien die politische Bildung an und vertiefen sie sie?

Oder streuen sie der Öffentlichkeit Sand in die Augen,

indem sie alles daran setzen, ihre wahre Intension und ihren
wahren Charakter zu camouflieren (= tarnen)?
Geht es ihnen in Wahrheit – mehr als alles sonst – um
Macht, Posten und Geld?

2) Fördern die Parteien die aktive Teilnahme der Bürger am
politischen Leben? Oder kapseln sie sich im Gegenteil ab,
erschweren den Bürgern die aktive Teilnahme, indem sie ei-
nerseits den Einfluß der Bürger bei Wahlen minimieren und
andererseits die Mitwirkung von Bürgern in den Parteien
außerordentlich erschweren?
<u>Ersteres</u> durch spezifische Gestaltungen des Wahlrechts,
<u>Letzteres</u>, indem sie eine langjährige Ochsentour verlangen,
die in vielen Fällen prohibitiv (= verhindernd) wirkt und mit-
wirkungsbereite Personen daran hindert, sich in den Parteien wirklich zu engagieren.

3) Bilden die Parteien zur Übernahme öffentlicher Verantwortung befähigte Bürger heran? Oder wird nicht eher das innerparteiliche machtmäßige Sichdurchsetzen gelehrt?
Werden diejenigen zu Parlamentskandidaten gemacht, die
dafür besonders befähigt sind, oder umgekehrt diejenigen,
die im <u>parteilichen Strippenziehen</u> besondere Fähigkeiten
demonstrieren? (Unterstreichungen: d. Verf.)

4) Sorgen die Parteien für eine ständige lebendige Verbindung
zwischen dem Volk und den Staatsorganen?
Oder kapseln sie sich lieber ab? Stehen sie statt auf der Seite
der Bürger auf der Seite des Staates? Sind die Parteien letztlich gar mit dem Staat identisch?
Ist die Abgehobenheit der politischen Klasse im Raumschiff
Bonn (jetzt Raumschiff Berlin: d. Verf.) nicht der eigentliche
Grund für die zunehmende Politik(er)verdrossenheit? Oder
noch umfassender?

5) Nehmen die Parteien die beiden Hauptaufgaben, die ihnen
   in der repräsentativen Demokratie gestellt sind, befriedi-
   gend wahr, nämlich die Sicherung des Gemeinwohls und die
   Bürgernähe? Oder streben sie deren Erfüllung entgegen und
   sind damit letztlich selbst die Hauptverantwortlichen für die
   bestehenden Repräsentations- und Partizipationsdefizite?[15]

Jeder Bürger der Bundesrepublik Deutschland kann sich die ge-
stellten Fragen selbst beantworten. M.E. kommen die Parteien
mitsamt ihren Hilfsorganisationen dem Gesetzesauftrag nicht nach,
obwohl sie aus dem Bundeshaushalt mit Millionenzuschüssen bedacht werden. Hierzu siehe nächsten Abschnitt.

---

15 W.v., a.a.O.

XI. Die Finanzierung der Parteien durch den Staat (Steuerzahler)

Zu den staatlichen Subventionen an die Parteien äußerte sich der <u>frühere Bundeskanzler Helmut Schmidt</u> am 23.12.1999:

»Die politischen Parteien bekämen in Deutschland viel zuviel Geld vom Staat. Das sei keine gute Sache. Die Parteien sollen angewiesen sein auf die Beiträge ihrer Mitglieder und Spenden ihrer Sympathisanten, aber nicht auf irgendwelche staatspolitischen Vereinigungen, die das Geld bei der Industrie oder bei den Banken einsammeln.«

(Gespräch mit Ulrich Wickert anläßlich des 81. GT des Altbundeskanzlers, in Frankfurter Rundschau.)

<u>Die Entwicklung in der Rückschau:</u>

Im Bundeshaushalt 1959 wurden fünf Millionen DM für die Parteien bereitgestellt. 1964 waren es schon 38 Millionen. 1966 zog das Bundesverfassungsgericht die Notbremse, es erlaubte nur noch die Wahlkampfkostenerstattung. Entsprechend der Forderung des Gerichts kam 1967 das Parteiengesetz zustande. Seit 1968 existieren öffentliche Rechenschaftsberichte der Parteien. Seit der Neuregelung 1994 ist die Finanzierung gedeckelt. Nach der vom Bundesverfassungsgericht vorgegebenen absoluten Obergrenze dürfen die Parteien nach dieser Regelung nicht mehr als 245 Millionen DM jährlich erhalten. Für jede bei Landtags-, Europa- u. Bundestagswahlen abgegebene Stimme zahlte der Staat eine Deutsche Mark jährlich. Für die ersten fünf Millionen Stimmen gab es sogar 1,30 DM und das nicht nur für die außerparlamentarischen Parteien, sondern auch für die Parteien im Bundestag und anderen Parlamenten. Aus dem Erstattungsverfahren ausgeklammert sind die Stimmen, die bei Kommunalwahlen abgegeben werden, obwohl sich bei ihnen die vom Gericht herausgestellte Verwurzelung der Parteien in der Gesellschaft besonders widerspiegelt, stärker als in den Ergebnissen von Landtags- und erst recht von Europawahlen.

Die Einbeziehung der kommunalen Wählergemeinschaften in die Staatsfinanzierung, wie vom Bundesverfassungsgericht verlangt, wollte die politische Klasse partout vermeiden.[16] Das am 19.4.2002 nach der Währungsumstellung vom Bundestag beschlossene Gesetz zur Änderung der Regelungen über die Parteienfinanzierung (BGBl. 2002, S. 2268) sieht folgende Regelung vor:

1) <u>Direkte Subventionierung der Parteien aus Steuermitteln</u>

Anstelle des Zuschusses von bisher 245,– Millionen DM jährlich werden es künftig 133 Millionen Euro sein (§ 18 Abs. 2 PartG n.F.).

Für jede Stimme bei Bundestags-, Landtags- u. Europawahlen zahlt der Staat einen Zuschuß von 0,70 Euro und für jeden Euro als Spende oder Beitrag einen Zuschuß von 0,38 Euro bis zu einer Höhe von 3300 Euro je natürliche Person.

2) <u>Indirekte Steuervergünstigungen</u>

Außer der direkten Subventionierung werden die Parteien auch durch indirekte Steuervergünstigungen begünstigt. Die Hälfte der Spenden und Beiträge wird vom Staat (dem Steuerzahler) mitfinanziert (vgl. §§ 10 b, 34 G Einkommensteuergesetz). Ein zusammen veranlagter Verheirateter kann an eine Partei 6600 Euro jährlich steuerbegünstigt spenden.

Das Bundesverfassungsgericht (BVerfGE 85, 264 [316]) hat entschieden, daß »die Gewährung steuerlicher Vorteile für Zuwendungen natürlicher Personen an politische Parteien nur insoweit verfassungsrechtlich unbedenklich sei, als diese Zuwendungen innerhalb einer Größenordnung verbleiben, die für den durchschnittlichen Einkommensbezieher erreichbar ist«. Von Arnim hält die neue Regelung für verfassungswidrig, weil ein durchschnittlicher Einkommensbezieher eine Spende von 6600 Euro nicht aufbringen kann.

---

16 W.v., Spiegelbericht 15/2005 »Geschichten aus dem Schatten«.

3) <u>Parteisteuern</u>

Die Abgeordneten, die Regierungsmitglieder und anderen Amtsträger zweigen Teile ihres Einkommens jährlich als sogenannte Parteisteuern an die Parteien ab, jährlich etwa 35 Millionen Euro. Diese müssen die Abgeordneten ohne gesetzliche Grundlage zusätzlich zu ihren normalen Mitgliedsbeiträgen an ihre Parteien abführen.

Die Sonderbeiträge machen bei Abgeordneten der Union und erst recht bei Abgeordneten der SPD oft 1000 Euro und mehr im Monat aus und deshalb sollen sie nach dem Willen der Schatzmeister unbedingt an der Steuervergünstigung teilhaben; bei den Grünen und der PDS sind die Parteisteuern regelmäßig noch höher. Solche Sonderbeiträge sind aber ihrerseits höchst problematisch; sie werden den Abgeordneten mit der Drohung, daß sie sonst nicht wieder (auf Parteikandidatenlisten) aufgestellt würden, aus ihren Diäten förmlich abgepreßt, obwohl diese ja eigentlich die Unabhängigkeit der Volksvertreter sichern sollen, und sie sind eine Art Staatsfinanzierung der Parteien durch die Hintertür. Diese Belastung der Amtseinkommen bleibt natürlich nicht unberücksichtigt, <u>wenn Politiker die Höhe ihrer Einkommen in eigener Sache festlegen.</u>

<u>Parteisteuern</u> werden deshalb von vielen wissenschaftlichen Kommentatoren als verfassungswidrig angesehen (Verstoß gegen das Verbot mittelbarer staatlicher Parteienfinanzierung und gegen den Grundsatz des freien Mandats). Gleichwohl werden auch sie weiterhin nach der Neuregelung doppelt bezuschußt: Der Staat nimmt dem Amtsträger die Hälfte der Belastung durch Steuerbegünstigung ab, und die Partei erhält auf die Zuwendung künftig noch einmal einen Zuschlag von (minimal) 38 Prozent.

Die Einnahmen aus Parteisteuern werden künftig gesondert im Rechenschaftsbericht ausgewiesen (§ 24 Abs. 4 Nr. 2 PartG n.F. [zitiert nach v. Arnim, DVBl.]).

<u>4) Staatliche Finanzierung der Hilfsorganisationen der Parteien</u>

Die Parteistiftungen und Fraktionen wurden in rasant ansteigendem Umfange seit 1969/70 mit Staatsgeld (Steuergeld) eingedeckt. Für 1999 sind Globalzuschüsse von 190 Millionen DM an die Parteistiftungen ausgewiesen. Die staatlichen Zuschüsse an die BT-Fraktionen sind für 1999 mit 130 Millionen DM ausgewiesen.

Seit 1969 werden den Bundestagsabgeordneten Mitarbeiter an die Seite gestellt. Die dafür im Bundeshaushalt bereitgestellten Mittel betrugen 1999 über 160 Millionen DM. <u>Ein Abgeordneter</u> konnte bis zur Währungsumstellung jährlich 240 000 für Mitarbeiter verwenden; <u>im Herbst 2006 beschloß die große Koalition</u> die Summe auf 168 Millionen Euro anzuheben. Jeder Parlamentarier darf insgesamt bis zu 13 660 Euro pro Monat für Mitarbeiter ausgeben. Der SPIEGEL berichtete in seiner Ausgabe 13/2007, daß bei einigen Abgeordneten die Personaleinstellungen kräftig zugenommen haben und eine Anzahl von Abgeordneten die Möglichkeit zu Personaleinstellungen gerne nutzen, um Parteifreunden und Bekannten etwas Gutes zu tun. Die Parlamentarier können danach 400-Euro-Jobs oder Mitarbeiter mit 6000 Euro Monatsgehalt beschäftigen. Die Ausschöpfung des Betrages von 13 660 Euro ermöglicht die Beschäftigung von 2–3 Mitarbeitern.

Die Zahl der derzeitigen (2007) Mitarbeiter ist dem Verfasser nicht bekannt. Nach von Arnim waren es 1989
  a) fast 4000 Mitarbeiter für Abgeordnete,
  b) über 800 Mitarbeiter für die Fraktionen,
  c) rund 1500 Mitarbeiter für die Parteistiftungen.

Von Arnim fordert die Kontrolle der Mittelverwendung auch für die Hilfsorganisationen (Parteistiftungen). Die Ausweisung der Mittel im Haushaltsplan des Bundes und der Länder genüge nicht. Er fordert ein Spezialgesetz, wie es das Bundesverfassungsgericht 1966 für die Parteienfinanzierung und 1975 für die Abgeordnetendiäten erzwungen habe. Berücksichtige man, daß die Staatsmittel für Fraktionen, Parteistiftungen und Abgeordnetenmitarbeiter um ein Vielfaches höher seien als für die eigentlichen Parteien, so liege es auf der Hand, daß die Kontrolle sich auch auf die Hilfsorganisationen der Parteien erstrecken müsse. Die Finanzierung der Fraktionen, Parteistiftungen etc. sei nicht in die gesetzliche Neuregelung einbezogen worden.[17]

<u>5) Jüngster Anlauf der SPD zur Änderung der Parteienfinanzierung</u>

Nach dem Spiegelbericht »Diskrete Operation« strebt die Schatzmeisterin der SPD Wettig-Danielmeier an, die verfassungsrechtlich zugebilligte absolute Obergrenze für die Parteien von 133 Mio Euro pro Jahr nach oben zu drücken. Der CDU-Schatzmeister Penner hat bereits seine Zustimmung signalisiert. Die Schatzmeister von FDP und den Grünen haben die Einladungen der SPD zum diesbezüglichen Gespräch dankend angenommen. Die großen Parteien SPD und CDU leiden unter sinkenden Mitgliederzahlen und abnehmenden Wahlbeteiligungen. Sinkende Staatszuschüsse sind die Folgen, weil diese an die tatsächliche Zahl der Stimmen und das Aufkommen aus Spenden und Mitgliedsbeiträgen gekoppelt sind. Zudem müßten immer mehr Organisationen aus dem Euro-Topf von 133 Mio ernährt werden, weil die Ergebnisse aus den Ländern mitzählen, wie z.B. die Erfolge der NPD und der WASG. Außer der Aufstockung der Obergrenze von 133 Mio Euro wollen die Schatzmeister die Regeln für Parteispenden ändern. Es geht um die Geldstrafen, die Parteien nach der derzeitigen Regelung leisten müssen, wenn sie dubiose Zahlungen, etwa an einzelne Politiker oder Untergliederungen entdecken. Es wird nach Wegen gesucht, wie sich Strafzahlungen an die Bundestagskasse umgehen lassen. Durch eine Selbstanzeige an den Bundestagspräsidenten soll die Strafzahlung entfallen.

<u>Mit der anvisierten Regelung würde den Parteien weitgehend risikoloses Mauscheln im großen Stil ermöglicht.</u>

---

17 V. Arnim in »Das System« u. DVBl. 2002, H. 15.

Einzelne Politiker oder Parteien könnten Spenden über Jahre auf Privatkonten parken und damit deren Herkunft verschleiern. Im für sie günstigsten Falle müßten sie den Betrag <u>irgendwann</u> an den Bundestag abführen.

Für die Öffentlichkeit wäre damit nicht mehr nachvollziehbar, ob etwa ein Funktionär von einem bestimmten Unternehmen Geld für eine politische Gefälligkeit bekam.

Seit Jahren warnen Experten wie der Düsseldorfer Parteienrechtler Martin Morlok davon, die entsprechenden Bestimmungen des Parteiengesetzes auszuhöhlen.

»Die Öffentlichkeit hat einen Anspruch darauf, zeitnah zu erfahren, woher eine Partei ihr Geld bekommt«, sagt er. »Das ist keine Bürokratenschikane, sondern soll die Parteien zu Transparenz verpflichten.« (zitiert Spiegel 43/2006)

Der jüngste Tatendrang der Schatzmeister zielt darauf ab, die Finanzzuweisungen aus dem Bundeshaushalt zugunsten der Parteien aufzustocken. Die höhere Zuweisung von Mitteln aus dem Steuerhaushalt <u>zu Lasten der Allgemeinheit</u> soll dazu erhalten, die Einnahmeausfälle durch die hohen Mitgliederverluste in den beiden »Volksparteien« auszugleichen. Nach dem Spiegelbericht hat die SPD von 1990 bis 2006 380 000 Mitglieder, die CDU in der gleichen Zeit 220 000 Mitglieder verloren. Die Ursache liegt klar auf der Hand.

»Die <u>volksfremde</u> Politik der beiden Parteien oder die bürgerferne Abgehobenheit der politischen Klasse.«

<u>Einnahmequellen der Parteien in Prozent (2004):</u>

Einnahmen/Euro	davon staatliche Mittel in %	Gesamt/Euro
SPD 170,1 Mio	27,3	46,4 Mio
CDU 151,6	28,8	43,6 Mio
CSU 39,8	29,6	11,7 Mio
FDP 29,3	30,7	8,9 Mio
B 90/Grüne 25,4	38,3	9,7 Mio
Linksp. 21,0	37,5	7,8 Mio

Einnahmen der Parteien aus Vermögen und Unternehmen:

SPD	9,8 v.H. der Einnahmen
CDU	3,1 v.H. der Einnahmen
CSU	1,3 v.H. der Einnahmen
FDP	5,7 v.H. der Einnahmen
B 90/Grüne	1,4 v.H. der Einnahmen
Linksp.	—

XII. Abgeordnete als Diener zweier Herren

»Immer neue Details über die zahllosen Nebenjobs haben Deutschlands Parlamentarier in Verruf gebracht. Doch nach wie vor sträubt sich eine große Koalition von Abgeordneten, das einzuführen, was alle Experten empfehlen: <u>Maximale Transparenz</u>.«

Daß der Abgeordnete nur seinem Gewissen verpflichtet ist, daß er von niemanden Weisungen annehmen muß, von keiner Partei, keinem Verband, keinem Unternehmen und nicht einmal von seinen Wählern – diese Idee ist so etwas wie der Kerngedanke der repräsentativen Demokratie. Doch die Realität bleibt hinter dem hehren Anspruch zurück, oft erschreckend weit. Kaum ein Berufsstand ist wohl so häufig für zwei Gehaltszahler tätig wie die Abgeordneten, als wäre ein politisches Mandat ein Job aus dem Niedriglohnsektor. Die Vorwürfe richten sich gegen eine Gruppe, bei der man eh alles für möglich hält. Da ist die Diskussion um Pensionsansprüche und Dienstwagen, Diätenhöhe und Übergangsgelder. Das alles addiert sich nun zum Bild vom Politiker als einem Zeitgenossen, <u>der viel vom Gemeinwohl spricht, aber erst einmal das ganz persönliche Wohlergehen im Blick hat</u> …

Überrascht und empört stellen viele Bürger fest, über welche Zeitreserven deutsche Parlamentarier offenbar verfügen – und wie emsig ausgerechnet Leute hinzuverdienen, die gern den Überstundenüberhang in Deutschland beklagen und mit Hartz IV eine Reform auf den Weg gebracht haben, die von 2,7 Millionen Menschen die vollständige Offenlegung ihrer Vermögensverhältnisse verlangt. Plötzlich fragen sich die Wähler, wem ihre Abgeordneten eigentlich dienen« (zitiert Spiegel 3/2005).

Einige bekannte Politiker haben unter dem Druck der Öffentlichkeit ihr Mandat als Abgeordnete aufgegeben. Gegen andere haben Staatsanwaltschaften ermittelt und Anklage erhoben. Es ist deutlich geworden, daß vor allem staatliche und halbstaatliche Unternehmungen seit Jahren Volksvertreter alimentieren. Die Firmen sagen, daß sie ihren Mitarbeitern den Wechsel in die Politik erleichtern wollen. Man kann es aber auch für eine besondere Form der Landschaftspflege halten, ein Begriff, der seit der Flick-Affäre für eine stille, aber sehr effektive Art, jemanden zu korrumpieren, sprichwörtlich geworden ist (Spiegel, a.a.O.).

Der bayrische Ministerpräsident Stoiber sprach sich dafür aus, daß Abgeordnete mit Nebeneinkünften die Höhe ihres Zusatzgehalts »zwingend offenlegen« müssen. <u>Auch der Altbundespräsident Roman Herzog sprach sich für die absolute Transparenz aus.</u> Der ehemalige Karlsruher Verfassungsrichter Mahrenholz sprach sich für die gläsernen Taschen der Abgeordneten aus:

»Wenn die Einkünfte offengelegt werden, würde das einen Beitrag dazu leisten, daß das Vertrauen in die Politik wieder wächst«, glaubt Peter Eigen, Chef der Anti-Korruption-Organisation Transparency International.

Bemerkenswert ist, daß die alte englische Demokratie eine vorbildliche Regelung getroffen hat. <u>Nebenjobs sind auf der Insel geduldet und respektiert, sämtliche Einnahmen müssen aber im »Register of Members Interest« auftauchen, das auch im Internet für jeden einsehbar ist.</u>

Einige wenige Abgeordnete haben die Transparenz ihrer Einkünfte zum wichtigsten Prinzip erhoben. Der <u>Abgeordnete Ulrich Kelber (SPD), Bonn,</u> nennt sich selbst einen gläsernen Abgeordneten. Jeder kann seine Steuererklärung auf seiner Homepage nachlesen. Der Abgeordnete sieht sich in der Rechenschaftspflicht gegenüber seinen Wählern.

Der ehemalige SPD-Abgeordnete Norbert Gansel (Kiel), von 1972–1998 Mitglied des Bundestages, war der erste wirklich transparente Abgeordnete, der seine Finanzen in Anzeigen der Zeitungen offenbarte. Er wurde als armseliger Idealist verspottet und beschimpft. Zu seinem Verhalten sagte er:

»Meine Offenheit war sicher ein Karrierehindernis. Aber es hat mir enorme Unabhängigkeit gegeben, ein gewisses Gefühl von Freiheit.«

Mehrfach unternahm Norbert Gansel mit seinem Parteifreund Peter Conradi Vorstöße für ein transparentes Parlament, zuletzt 1995. Damals unterschrieben 150 Abgeordnete den Antrag auf Offenlegung aller Einkünfte, doch von einer Mehrheit war er wieder mal weit entfernt. Die beiden Abgeordneten glaubten nicht an einen Durchbruch. »Ein Drittel der Abgeordneten hat Nebeneinkünfte, wie man vermuten muß, ein Drittel hofft, diese irgendwann einmal zu erhalten, und ein Drittel der Parlamentarier fordert Reformen, weil sie wissen, daß sie diese Einkünfte nicht haben« (zit. Spiegel 3/2005).

Inzwischen wissen die Bürger, daß diese Einschätzung zutreffend war, denn die Reform ist gescheitert. In der folgenden Ausgabe des Spiegels lautete der Titel

»Sie reden von Transparenz und täuschen die Öffentlichkeit: Die Politiker wollen bei den Nebenjobs lediglich Details neu regeln – und das auch nur, um von den eigentlichen Pfründen abzulenken. Junge Abgeordnete drängen, die üppigen Politikerpensionen zu senken. Das Etablissement mauert.« (Spiegel 4/2005)

Die jüngeren Parlamentsabgeordneten (Michael Roth, Michael Hartmann, Christian Lange, alle SPD) drängten auf die Offenlegung aller Einkünfte, sie forderten größtmögliche Transparenz, um das Vertrauen der Wähler zurückzugewinnen. Von einem Generationskonflikt quer durch alle Parteien sprach der innenpolitische Sprecher der SPD-Fraktion Dieter Wiefelspütz. Die grüne finanzpolitische Sprecherin Kerstin Andrese sprach sich ebenfalls für ein Pensionssystem für Abgeordnete und Minister aus, das verständlich und gerecht ist.

Nur mit Mühe konnte seinerzeit die Fraktionschefin Angela Merkel die Spitzen von CDU/CSU davon überzeugen, wenigs-

48

tens dem moderaten Vorschlag der SPD zuzustimmen, künftig alle Zuwendungen beim Bundestagspräsidenten anzeigepflichtig zu machen und Verstöße mit Geldstrafen zu ahnden. Entsprechend ist die Regelung dann von den Fraktionen abgesegnet worden ohne die geforderte Transparenz für die Wähler.

Nachzutragen bleibt, daß vor Weihnachten 2004 die beiden Parlamentarier Christian Lange und Nina Hauer einen Gesetzentwurf ihrer Fraktion (SPD) zugestellt haben – die Abgeordneten haben jedoch nie eine Antwort erhalten. Befaßt mit der Sache war der damalige SPD-Parteivorsitzende Franz Müntefering (Spiegel 4/2005).

XIII.   Die Leistungen für Bundestagsabgeordnete

Ein Abgeordneter erhält 7000 Euro als Diäten, plus einer steuerfreien Kostenpauschale von 3551 Euro. Nach dem jüngsten Spiegelbericht vom 5.11.05 (Nr. 45) haben sich die Fraktionen von CDU/CSU/SPD darauf verständigt, daß die Diäten den Bezügen der Richter an den obersten Bundesgerichten um 9,4 v.H. oder um 700 Euro auf knapp 7700 Euro pro Monat angepaßt werden, und zwar in zwei Schritten bis Ende 2009.

Zu den Leistungen für Abgeordnete kommen noch eine Reihe von Vergünstigungen wie Freiflüge und kostenlose Bahnfahrten hinzu. <u>Der eigentliche Schatz aber sind die Altersgelder.</u> 28,3 Millionen Euro hat der Bundestag im Jahre 2004 für die Versorgung ehemaliger Abgeordneter oder ihrer Hinterbliebenen aufgewendet, mehr als doppelt soviel wie 1990.

Die Spitzenpensionen hat der Spiegel (4/2005) dargestellt mit einem Vergleich über die Zahl der Jahre, in denen ein Arbeitnehmer mit dem Rentenversicherungshöchstbeitrag in die Rentenkasse einzahlen müßte.

Politiker	Pension in Euro	Vers. Jahre als AN
Kohl, Helmut, Ex-Kanzler	12 800,–	233
Eichel, Hans, Fin.Min.*	11 600,–	210
Teufel, Erwin, Ex-MP Baden-Württemberg	10 100,–	183
Fischer, Joschka, Außenminister	9 500,–	173
Blüm, Norbert, Ex-Min.	9 100,–	165
Schröder, Gerhard, Ex-Kanzler	8 900,–	162
Seehofer, Horst, Minister	8 900,–	162
Clement, Wolfgang, Ex-Min.	8 800,–	159
Lambsdorff, Graf, Ex-Min.	8 700,–	158
Wieczorek-Zeul, Heidemarie, Min.*	8 000,–	146
Schily, Otto, Ex-Min.*	7 600,–	138

Bulmahn, Edelgard, Ex-Min.*	7500,–	136
Schäuble, Wolfgang, Min.*	7 400,–	135
Merkel, Angela, Kanzlerin*	7 300,–	132
Struck, Peter*	6 800,–	123
Nolte, Claudia, Ex-Min.	6 500,–	118
Stolpe, Manfred, Ex-Min.	6 400,–	115
Waigel, Theo, Ex-Min.	6 400,–	115
Schmidt, Ulla, Min.*	6 300,–	114
Schmidt, Renate, Ex-Min.*	6 000,–	108
Trittin, Jürgen, Ex-Min.*	5 500,–	100
Künast, Renate, Ex-Min.*	4 000,–	73

Die mit *-Zeichen versehenen Personen sind entweder Mitglieder der Regierung oder/und gehören dem Bundestag als Mitglieder an. Die Pensionsbeträge dieser Personen befinden sich im Steigerungstrend.

Jedem Bundestagsabgeordneten, der acht Jahre (zwei Wahlperioden) im Parlament war, stehen 1682 Euro zu. Ein Normalbürger muß dafür 32 Jahre arbeiten und Versicherungsbeiträge entrichten. Es lohnt sich, im Parlament auszuhalten, denn jedes weitere Jahr erhöht nicht nur die Altersbezüge, sondern senkt auch die Altersgrenze, ab der ein Abgeordneter pensionsberechtigt ist. Nach 20 Jahren sind 4205 Euro fällig, in Anspruch nehmen kann das ein Volksvertreter ab 55 Jahren. Sozialversicherungspflichtige Arbeitnehmer dürfen künftig mit 67 Jahren in die Altersrente gehen. Wer vorzeitig geht, hat erhebliche Abschläge hinzunehmen. Der Kampf um einen Parlamentssitz wird zunehmen, zumal für sog. Nebenjobs Tür und Tor offen sind.

Heinrich Heinen, Gründer der »Kölnischen Rundschau« zur Lebenszeitversorgung von Politikern

Liberale Stimmen

Reinhold Heinen *(1894–1969)*

Schacherei früh gegeißelt

„Wollen wir wirklich jenen Typ von Berufspolitiker heranzüchten, der – schon seiner Existenzgrundlage wegen – stets danach schielen muss, es mit niemandem zu verderben?" Bereits 1954 geißelte Reinhold Heinen, Gründer der „Kölnischen Rundschau", dass ein „politisches Mandat zur Lebensversorgung herhalten soll". Sein Leitartikel wider parteiinterne Postenschacherei war schon deswegen bemerkenswert, weil das CDU-Mitglied damit ausdrücklich seine Parteifreunde im nordrhein-westfälischen Landtag attackierte. Die CDU stellte damals mit Karl Arnold den Ministerpräsidenten. Bei mancher Derbheit im alltäglichen Geschäft und ausgeprägter Meinungsfreude war Heinen vor allem ein leidenschaftlicher Zeitungsmann – der sich innerer und äußerer Unabhängigkeit verpflichtet fühlte. Vier Jahre lang hatten ihn die Nazi-Schergen im Konzentrationslager Sachsenhausen gequält, gebrochen hatte ihn diese Leidenszeit nicht. Trotz der Nähe zur CDU blieb er ein unbestechlicher Beobachter. So attestierte er der CDU-Landtagsfraktion zwar, „viele Mitglieder zu haben, aber wenig Köpfe". Die wachsende Gier der Politiker nach Doppelmandaten prangerte er ebenso an: „Uns will nicht erscheinen, dass ein Landtagsmandat zu den Zubehörteilen eines Oberbürgermeister-, Bürgermeister- oder Landratspostens gehört."

XIV. Sozialpolitik

Sozialpolitik muß in ihrer Gesamtheit eine Politik für ein menschenwürdiges Leben sein. Sozialpolitik darf für die Menschen nicht zur Ausgrenzung führen und für die Alten nicht in Altenghettos enden.

Bereits 1993, drei Jahre nach der Wende, schrieb der Sozialexperte Ulrich Schneider:

»Der Solidarpakt‹ war in Wahrheit ein Sparakt auf Kosten von Arbeitslosen und Sozialhilfeempfängern. Nicht auf Solidarität, sondern auf Ausgrenzung und Verdrängung zielte dieses ›Föderale Konsolidisierungsprogramm‹. Konfrontiert mit der Notwendigkeit zu sparen, zeige sich das wohlhabende Deutschland von seiner unangenehmen Seite. Ohne jedes Konzept, was wir uns künftig noch leisten wollen und leisten können, sollen die öffentlichen Kassen mit immer weiteren Streichungen und Kürzungen wieder in Ordnung gebracht werden. <u>Merkwürdig ist nur, daß es stets die Schwächsten sind, die die Last tragen müssen.</u> Es handelt sich um den vorläufigen Höhepunkt einer Politik, die seit über 20 Jahren den Rückzug des Staates aus seiner sozialen Verantwortung betreibt. Am Ende bleibt der Sozialstaat auf der Strecke.«[18]

Halten wir uns in diesem Zusammenhang die Grundzüge unseres Staates vor Augen, unabhängig von Regierenden und konkreten Politikmustern – Grundzüge, die zugleich die Grenzen des Handelns wie auch die empfindlichsten Stellen des Staates markieren:

Zum einen hat unser Staat nach herrschender Meinung in all seinem Handeln die Entscheidungsfreiheit der privaten Wirtschaft weitestgehend zu akzeptieren. In all ihren wirtschafts- und finanzpolitischen Entscheidungen muß sich die Politik die Frage stellen, wie sie wohl diese privaten Entscheidungen beeinflussen werden.

---

18 Schneider in »Solidarpakt gegen die Schwachen«, Knaur 80033.

Denn unser Staat ist ein Steuerstaat. Sein materieller Handlungs-spielraum ergibt sich aus dem wachsenden oder eben im schlech-testen Falle nicht wachsenden Wohlstand von Unternehmen und Erwerbstätigen.

Er ist darüber hinaus ein demokratischer Staat, dessen Re-gierung auf periodische Wählerzustimmung angewiesen ist, und schließlich ist er ein Sozialstaat. Im Denken und in den Ansprüchen seiner Bürger hat er gewisse soziale Sicherheiten zu garantieren. Kommt er diesen Ansprüchen nicht nach, riskiert er gefährliche Legitimationskrisen.

Im Spiegel (50/2006) kommen die Autoren Aden, Felden-kirchen u.a. 14 Jahre nach SCHNEIDER zu dem Ergebnis, daß Deutschland auseinanderdriftet. Wirtschaftlicher Aufschwung und Massenarmut schließen einander nicht aus. Daran wird auch die nächste Lohnrunde nichts ändern. Die Politik sieht untätig zu und ist dabei, sich vom Ziel der Chancengleichheit zu verabschieden.

<u>Rekapitulieren wir die Lage:</u>
1) Politiker verkünden bei jeder Gelegenheit den Aufschwung. Medien zeigen Unternehmensgewinne in Rekordhöhe an, die Arbeitslosenzahlen sind unter der 4-Millionen-Grenze gesunken.
   Gleichzeitig lesen wir an anderer Stelle, daß über 10 Millio-nen Menschen von Armut bedroht sind, gut 13 % der Bevöl-kerung, darunter viele <u>Kinder.</u>
2) Die Berliner Spitzenpolitiker beschreiben ein Land, das es auf deutschem Boden nicht mehr gibt. Die *Bundeskanzlerin* ruft den Bürgern zu, »daß wir zusammen in einer Schicksals-gemeinschaft leben, dann müssen wir uns auch füreinander verantwortlich fühlen«.
   Vizekanzler Müntefering legt noch zu. Er sagt: »Es gibt keine Ober- und Unterschichten hier, sondern es ist eine Gesell-schaft. Und wir sind gut beraten, wenn wir diese nicht aus-einanderfallen lassen.«

Die Spiegel-Autoren haben die Lage auf den Punkt gebracht. Es klinge so, als sprächen beide über eine friedliche Märchenwelt irgendwo in der *Südsee*. Es seien Zeugnisse einer unehrlichen Politik, in der die Realität geleugnet werde, weil der Mut fehle, die Realität zu ändern.

Die Reichen

7,5 Billionen Euro Nettovermögen haben die Deutschen angehäuft, fast 30 mal so viel wie der Haushalt des Bundes. Doch die Hälfte des Reichtums befindet sich in den Händen weniger, der oberen 10 v.H. der Bevölkerung. In der Oberklasse betrug das durchschnittliche Haushaltsvermögen etwa 850 000 Euro, wobei es unter den Superreichen eklatante Unterschiede gibt. Das »manager-magazin« führt erstmals mehr als 100 Milliardäre auf.

Die Armen

Offiziell sind vier Millionen Erwerbssuchende gemeldet (Frühjahr 2007). Etwa eine Million Menschen muß trotz Job einen zusätzlichen Antrag auf Arbeitslosengeld II ausfüllen, weil der Lohn zum Leben nicht reicht. Sieben Millionen Menschen sind von Hartz IV betroffen – fast 10 v.H. der deutschen Bevölkerung.

Inflationsbereinigt sank das durchschnittliche Haushaltseinkommen seit 1991 um 2 v.H. Die Löhne in den unteren Einkommensgruppen verfallen. Aus Vollzeitberufen werden Teilzeitstellen, aus befristeten Anstellungen werden Mini-Jobs. Stammbelegschaften werden mehr und mehr durch Aushilfskräfte der Zeitarbeitsfirmen ersetzt, die für gleiche Arbeit weniger Geld bekommen …

Die BRD gibt, gemessen an der Wirtschaftsleistung, mit 700 Milliarden Euro fast genauso viel Geld für soziale Zwecke aus wie die europäischen Spitzenreiter Schweden und Dänemark. Bei den Bedürftigen kommt jedoch immer weniger an, wie eine Studie der gewerkschaftsnahen Hans-Böckler-Stiftung zeigt:

»Bei wichtigen Sozialindikatoren wie dem Ausmaß der Kinderarmut, dem Anteil der Langzeitarbeitslosen oder der Beschäftigungsquote Älterer rangiert die BRD inzwischen weit hinten im internationalen Vergleich. Entsprechend ist der deutsche Wohlfahrtsstaat mittlerweile einer der ineffizientesten in ganz Europa«, so das Fazit der Analyse.

Es kommt noch schlimmer. Der Sozialstaat kann das Aufstiegsversprechen seiner Bürger nicht mehr einhalten: Die Aussicht, durch Bildung und staatliche Förderung seiner Herkunft zu entkommen. Wer das Pech hat, in die Unterschicht hineingeboren zu werden, bleibt meist auch in der Unterschicht. »Bildungschancen werden vererbt«, heißt es im Armutbericht der Bundesregierung. Die Bürger spüren deutlich, wie die Gesellschaft auseinanderdriftet. Beispiele:

1) Tag für Tag warten Kassenpatienten im Wartezimmer beim Arzt oder im Krankenhaus auf einen OP-Termin, Privatpatienten steht hingegen sofort ein Spezialist zur Verfügung.

2) Über 100 Kinder werden zur Mittagszeit von der Armenküche »Arche« in Berlin versorgt. Das nahe liegende Kaufhaus des Westens (KdW) hat umgebaut, um die wachsende Nachfrage nach Hummern und Austern befriedigen zu können.

3) Langzeitarbeitslose verdingen sich für wenig Euro-Stundenlohn bei der Gurkenernte im Spreewald. Wenige Kilometer entfernt boomt das Wellness-Hotel »Zur Bleiche«. Hier erhält der gestreßte Manager ein Aromabad und eine Nackenmassage bei Übernachtung mit Halbpension bis zu 270 Euro.

Der Blick über den Tellerrand geht nach Finnland. Das kleine Volk am Rande Europas stand Anfang der neunziger Jahre am Rande des Bankrotts, weil der Handel mit der Sowjetunion zusammengebrochen war. Von 1991–1995 war Aho der Ministerpräsident des Landes. Er leitete die Reformen ein und mit den Reformen kam der Wohlstand. Die sozialen Unterschiede, so Aho, habe man deutlich abgeschwächt, wir haben in Schulbildung investiert. Wir haben bemerkt, daß die Schulverlierer auch die späteren Verlierer in der Gesellschaft sind. Der Unterschied zwischen den besten deutschen und den besten finnischen Schülern sei nicht so groß. »Aber die schlechtesten haben in Finnland bessere Chancen. Die Finnen haben das Frühverrentungsprogramm gestoppt und die frei gewordenen Milliarden fast ausnahmslos in vorbildliche Schulen, Universitäten und Kinderbetreuungseinrichtungen gesteckt. <u>Heute haben finnische Eltern Anspruch auf Ganztagsbetreuung für Kleinstkinder in direkter Nachbarschaft.</u> Die Schüler erhalten auf ganztätigen Gesamtschulen eine der besten Schulbildungen der Welt« (weiter Spiegel 50/2006).

Finnland hat die BRD in allen wichtigen Wirtschafts- und Sozialindikatoren hinter sich gelassen. Es gibt vergleichsweise weniger Arme, die Kluft zwischen Arm und Reich ist geringer, die Wirtschaft aber wuchs in den vergangenen zehn Jahren mehr als doppelt so stark wie hierzulande.

Die große Koalition in Berlin steckt nach wie vor lieber Geld in die Umverteilung, als dafür zu sorgen, daß Armut gar nicht erst entsteht. Sie hat mehr ausgegeben, aber wenig getan, was die Spaltung der Gesellschaft hindern könnte. Sie hat die Abgaben für Niedrigverdiener sogar erhöht, sie belastet sie mit höheren Mehrwertsteuern sowie Renten- und Krankenkassenbeiträgen. Der frühere finnische Ministerpräsident Aho sagt:
»Die Gefahr sei, daß alle glauben: Klasse, die Wirtschaft wächst und weitere Reformen seien nicht nötig. Das wäre ein fataler Irrtum.« (zitiert auszugsweise Spiegel 50/2006)

XV.   Der Arbeitsmarkt

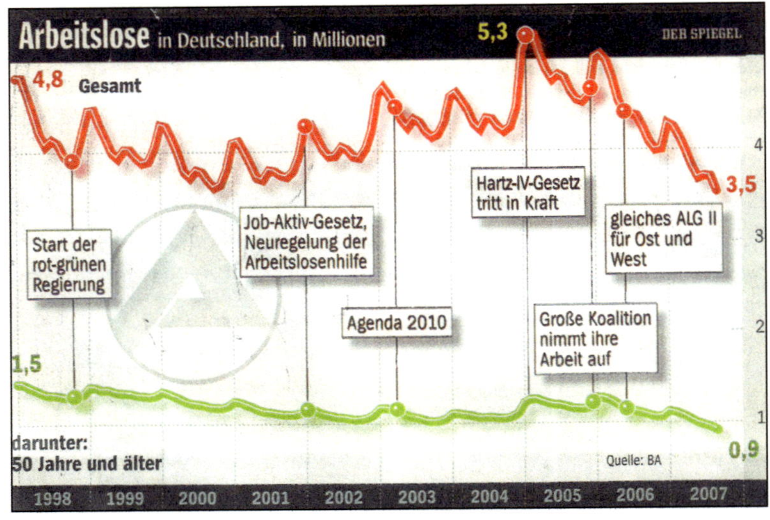

Der Arbeitsmarkt spiegelt die wirtschaftliche Lage der Bundesrepublik wider.

Die Arbeitslosigkeit war während der Kohl-Regierung in den
letzten sieben Jahren von 2,6 Millionen auf 4,8 Millionen Arbeitslose gestiegen. Mit dieser Hypothek ist die rot-grüne Koalition
unter Kanzler Schröder im Oktober 1998 angetreten. Der Kanzler
hatte versprochen, daß er seine Sozialpolitik an der Beseitigung
der Massenarbeitslosigkeit messen lassen werde.

<u>Zum 1.1.2005 trat durch Hartz IV</u> die neue Grundsicherung in
Kraft. Hilfsbedürftigen Erwerbsfähigen zwischen 15 und 65 Jahren,
d.h. Personen, die unter üblichen Bedingungen des Arbeitsmarktes
mindestens drei Stunden täglich arbeiten können, sowie ihren im
Haushalt lebenden Angehörigen steht seitdem das neu geschaffene
Arbeitslosengeld II zu; nicht erwerbsfähige Angehörige können
Sozialhilfe beanspruchen. Die bisherige Arbeitslosenhilfe wurde
ersatzlos abgeschafft, ebenso die Hilfe zum Lebensunterhalt für
diesen Personenkreis.

Die Zahl der Erwerbstätigen stieg 2004 erstmals nach 2001 wieder an, allerdings war der Anstieg im wesentlichen auf die Zuwächse bei den geringfügig Beschäftigten sowie den Selbständigen (Ich-AG) zurückzuführen. Die Gründung einer Ich-AG wurde vom Staat finanziell gefördert. Sozialversicherungspflichtige Arbeitsplätze wurden nicht geschaffen. Zu beachten bleibt, daß ein echter Vergleich der Arbeitslosenzahlen zwischen 2003 und 2004 nicht möglich ist, weil der Bundesgesetzgeber zum 1.1.2004 eine Änderung der Arbeitslosenstatistik veranlaßte. Der Januarbericht 2005 der Bundesanstalt für Arbeit meldete 5 037 142 arbeitslose Personen. Nach Aufnahme der Arbeit der großen Koalition (Oktober 2005) hat sich die wirtschaftliche Lage deutlich verbessert; die Zahl der Arbeitslosen ist auf unter 3,5 Millionen gesunken (Stand Ende Oktober 2007). Die BA meldet die Zahl der Erwerbstätigen mit über 40 Millionen. Auffallend erfreulich ist die Beschäftigungszunahme bei Arbeitnehmern über 50 Jahre. Nach dem Spiegel-Bericht vom 29.10.2007 (Nr. 44) haben in den letzten 12 Monaten 191 000 Empfänger von ALG I einen neuen Job gefunden.

Mit der Hartz-IV-Gesetzgebung erhoffte sich die Regierung Schröder Einsparungen in Milliardenhöhe. Diese Hoffnung war trügerisch, aus der geplanten Vereinfachung der Leistungsberechnung wurde nichts. Das Personal der Job-Center wurde von 35 000 auf 53 000 Mitarbeiter aufgestockt. In vielen Job-Centern entschieden teilzeitbeschäftigte Mitarbeiter oder nur vorübergehend eingestellte Kräfte über die »Leistungen« nach dem Sozialgesetzbuch. 347 Euro monatlich sollte als Pauschalunterstützung gelten. Doch gerade die Pauschalsätze trieben viele Menschen zu den Gerichten. Sie pochten auf Einzelfallgerechtigkeit. Die Sozialgerichte wurden buchstäblich von einer Prozeßflut überrollt (Spiegel 7/2007).
Am 23.11.2006 hat das Bundessozialgericht entschieden, daß die Höhe des Arbeitslosengeldes II von 347 Euro (für ein Ehepaar 622 Euro) nicht gegen das Grundgesetz verstößt. Damit hat das Gericht das Primat der Politik anerkannt. Mit dieser höchstrich-

terlichen Entscheidung ist die Prozeßflut nicht beendet. Gestritten wird weiterhin nicht nur um die Höhe des Arbeitslosengeldes, sondern um

- die Miet-, Neben- und Heizkostenzuschüsse,
- die Größe der angemessenen Wohnung (Bleiben oder erzwungener Wohnungswechsel),
- die Frage, wann bei zusammenlebenden Personen eine Bedarfsgemeinschaft vorliegt,
- die Zumutbarkeitskriterien bei den von den Jobvermittlungen angebotenen Arbeitsplätzen (fernab vom Wohnsitz).

Vielfach geht der Streit auch um die Einbeziehung von erwerbslosen hilfsbedürftigen oder minderjährigen Kindern, wenn diese unverheiratet sind, keine oder nur geringe eigene Einkünfte haben und bei ihren Eltern oder einem Elternteil wohnen.

Häufig richten sich die Klagen gegen unverständliche Entscheidungen der Job-Center, etwa ob eine geringfügig zu große Wohnung aufgegeben werden muß, obwohl eine neue Wohnung in »angemessener« Größe teurer ist, und außerdem erhebliche Kosten für einen Umzug anfallen.

Als Flop hat sich die Zuteilung von deutschen Erntehelfern für die Landwirtschaft erwiesen. Die deutschen Kräfte haben entweder die Arbeit nicht angetreten oder haben sich nach kurzer Zeit krank gemeldet. Landwirte und Winzer haben in allen Regionen auf die guten Erfahrungen mit osteuropäischen Landarbeitern und Landarbeiterinnen (insbesondere aus Polen) hingewiesen.

Die Lage auf dem Ausbildungsmarkt

Hier zeigt sich eine erfreuliche Entwicklung, infolge des »Nationalen Paktes für Ausbildung und Fachkräftenachwuchs«.

Die Wirtschaft verpflichtete sich 30 000 neue Ausbildungsplätze sowie 25 000 Einstiegsqualifizierungsplätze zu schaffen. Bis zum Jahresende 2004 konnten <u>29 627</u> Bewerber nachvermittelt werden. Nach den Angaben des Statistischen Bundesamtes fielen 320 220 neu abgeschlossene Verträge auf Industrie und Handel. Leicht rückläufig waren die Vertragsabschlüsse für handwerkliche Berufe mit 171 423 (zuvor 171 800).

<u>Fortdauernde Angst um den Arbeitsplatz</u>

Der Spiegel (Nr. 17/2005) berichtete, daß die Arbeitnehmer sich durch Niedriglöhne und Jobverlagerung auf der einen Seite, Millionengehälter und Rekordgewinne auf der anderen, bedroht fühlen. Denn was sie verkaufen, ihre Arbeitskraft, werde von anderen billiger angeboten. Die deutschen Arbeitnehmer konkurrierten mit Millionen Menschen, für die selbst deutsche Dumpinglöhne Spitzengagen bedeuteten. Sie seien auf dem globalen Arbeitsmarkt nicht mehr wettbewerbsfähig. Sie seien Verlierer der Globalisierung. <u>Gewinner gebe es auch:</u> **Hochqualifizierte Arbeitnehmer, die schwer zu ersetzen sind, Manager, die ihre Unternehmen auf Profit trimmen und dafür Millionengewinne bekommen** (siehe Abschnitt »Bosse ohne Sorgen«). <u>Und natürlich die Konzerne selbst:</u> Sie könnten sich den besten Standort aussuchen und dort produzieren, wo Löhne und Steuern besonders niedrig sind. Ihre Stammbelegschaften zu Hause schrumpfen, ihre Arbeitnehmer müßten für weniger oder fürs gleiche Geld länger arbeiten. Kein Wunder, daß die Renditen steigen. Es sei die Gleichzeitigkeit von Rekordarbeitslosigkeit und Rekordgewinnen, von Niedriglöhnen und Millionengehältern für Manager, die viele Menschen wütend machten und das Vertrauen in das Wirtschaftssystem unterspüle – ebenso wie das Vertrauen in die Politiker, die sich in den Augen der Wähler den Zwängen der Ökonomie unterwerfen (zit. auszugsweise Spiegel 17/2005).

Die Arbeitsplatzangst besteht trotz der positiven Lage auf dem Arbeitsmarkt fort. Der Druck der Arbeitgeber und ihrer Verbände auf die Arbeitnehmer und die Gewerkschaften hält an. Vorgeschoben wird der Wettbewerbsdruck durch die Globalisierung. Tatsächlich geht es um die Gewinnmaximierung um jeden Preis ohne Rücksicht auf die soziale gesamtgesellschaftliche Verantwortung. Eine so angelegte Politik kann nur im Chaos enden (vgl. Karl Marx: Verelendungstheorie).

Rückblick

Mit der absehbaren Entwicklung setzte sich bereits im März 2003 Prof. Hickel (Uni Bremen) auseinander. Er kündigte seinerzeit eine Zunahme der Arbeitslosigkeit an und verwies auf die hohen Krisenkosten und die Gefahren für die Demokratie. Jenseits aufrüttelnder Rhetorik sei ein gesellschaftlicher Kraftakt zur Sicherung und Schaffung tariflich angemessener Beschäftigungsverhältnisse nicht erkennbar. Statt dessen werde Arbeitslosigkeit im Zeitalter der Globalisierung der Wirtschaft zum Sachzwang erklärt. Die Auseinandersetzung über die Instrumente zur Bekämpfung der Arbeitslosigkeit reduziere sich auf die Forderung nach einer radikalen Flexibilisierung der Arbeitsmärkte:
- Kürzung sozialer Leistungen
- Demontage des Tarifvertragssystems
- Abbau von Kündigungsschutz und der Mitbestimmung, mit einem Wort:

»Die kapitalistische Konkurrenzwirtschaft solle das Kommando über die Arbeitsmärkte übernehmen.«

Diese Strategie mache die Opfer der Krise zu Tätern. Sie schaffe keine neuen Arbeitsplätze, sondern verschlechtere lediglich die Bedingungen für diejenigen, die von Erwerbsarbeit abhängig seien. Ohnehin basiere diese Therapie auf einem Irrtum. Denn die Erwerbslosigkeit auf dauerhaft hohem Niveau sei nicht die Folge eines Fehlverhaltens der Betroffenen oder der tariflichen Regulierungen. Vielmehr versage die Konkurrenzwirtschaft: In Deutschland fehle es schlicht an zukunftssicheren Arbeitsplätzen …

62

Zusätzliche Jobs entständen nur durch ein lang anhaltendes kräftiges Wirtschaftswachstum. Dazu gehöre wegen der steigenden Produktivität der Arbeit auch eine konsequente Politik der Arbeitszeitverkürzung, mit der das rückläufige Arbeitsvolumen umverteilt werde.

Angesichts des Nachfragemangels in der deutschen Wirtschaft müsse vor allem die <u>Binnenwirtschaft</u> gestärkt werden. Dazu gehörten Lohnzuwächse, die zumindest Inflation und den Produktivitätszuwachs ausgleichen. Zudem müsse der Staat auf die Krisen verschärfende Einsparpolitik verzichten und konjunkturbedingte Defizite hinnehmen. Darüber hinaus sei ein Zukunftsinvestitionsprogramm in den Kommunen förderlich. Damit ließen sich öffentliche Investitionsdefizite abbauen. Am Ende würden über die Stärkung der Wirtschaft die Steuereinnahmen steigen und die Neuverschuldung zurückgehen. Diesen Beschäftigungsaufschwung könnten die Hartz-Vorschläge (in der ursprünglichen Form, d. Verf.) nicht in Gang setzen. Allerdings seien einige Elemente, wie etwa die Job-Center, durchaus sinnvoll. Zusammen genommen könnten alle diese Maßnahmen zu einem deutlichen Abbau der Arbeitslosigkeit beitragen und die gesamtwirtschaftliche Entwicklung stärken (Hickel in Verdi-publik, März 2003).

<u>Bosse ohne Sorgen</u>

Vor wenigen Jahren sprach der damalige SPD-Vorsitzende von den Heuschrecken in deutschen Landen. Er sprach damit jene Unternehmen an, die ihre Marktmacht ohne Rücksicht auf die gesellschaftliche Verantwortung ausüben. Folgen haben sich aus diesem Aufschrei nicht ergeben – in der großen Koalition stand die Thematik nicht mehr auf der Tagesordnung.

Nun aber hat (dankenswerterweise) der STERN in seiner Ausgabe vom 11.10.2007 (Nr. 42) die Köpfe rollen lassen. Er hat 56 Chefs von im Dax und M-Dax notierten Unternehmen, die im Jahre 2006 im Amt waren und mehr als eine Million Euro verdient haben, fotografisch aufgelistet:

1	Harry Roels, RWE	13 600 000 Euro
2	Josef Ackermann, Deutsche Bank	13 212 000 Euro
3	Jochen Zeitz, Puma	10 650 000 Euro
4	Henning Kagermann, SAP	9 030 000 Euro
5	Wolfgang Reitzle, Line	8 198 000 Euro
6	Wulf Bernotat, Eon	6 395 000 Euro
7	Hans-Joachim Körber, Metro	5 388 000 Euro
8	Ulrich Lehner, Henkel	6 098 000 Euro
9	Jürgen Hambrecht, BASF	6 061 000 Euro
10	Michael Diekmann, Allianz	5 300 000 Euro
11	Dieter Zetsche, Daimler	5 091 000 Euro
12	Manfred Wennemer, Continental	4 717 000 Euro
13	Wolfgang Mayrhuber, Lufthansa	4 641 000 Euro
14	Klaus-Peter Müller, Commerzbank	4 476 000 Euro
15	Niklaus v. Bomhard, Münchener Rück	4 474 000 Euro
16	Klaus Zumwinkel, Deutsche Post	4 238 000 Euro
17	Herbert Hainer, Adidas	4 024 000 Euro
18	Reto Francioni, Deutsche Börse	4 016 000 Euro
19	Ekkehard Schulz, Thyssen-Krupp	3 986 000 Euro
20	Wolfhard Leichnitz, IVG Immobilien	3 914 000 Euro
21	Axel Heitmann, Lanxess	3 699 000 Euro
22	Hakan Samuelsson, MAN	3 629 000 Euro
23	Klaus Kleinfeld, Siemens	3 624 000 Euro
24	Bernd Pischetsrieder, VW	3 526 000 Euro
25	Werner Wenning, Bayer	3 467 000 Euro
26	Georg Funke, HypoRealEstate	3 450 000 Euro
27	Wulf v. Schimmelmann, Postbank	3 411 000 Euro
28	Klaus Eberhardt, Rheinmetall	3 295 000 Euro
29	Utz Claassen, EnbW	3 281 000 Euro
30	Hartmut Mehdorn, Deutsche Bahn	3 184 000 Euro
31	Udo Stark, MTU	3 121 000 Euro
32	Kai-Uwe Ricke, Deutsche Telekom	3 085 000 Euro
33	Ben Lipps, Fresenius Med. Care	3 031 000 Euro
34	Peter Alexander Wacker, Wacker-Che-mie	2 946 000 Euro

35	Norbert Reithofer, BMW	2 820 000 Euro
36	Hartmut Retzlaff, Stada	2 784 000 Euro
37	Michael Franzel, TUI	2 676 000 Euro
38	Nickolaus Schweickart, Altana	2 510 000 Euro
39	Hans-Peter Keitel, Hochtief	2 467 000 Euro
40	Ralf Bethke, Kali-Salz	2 341 000 Euro
41	Jürg Oleas, Gea-Gruppe	2 293 000 Euro
42	Ulf-M. Schneider, Fresenius	2 039 000 Euro
43	Herbert Bodner, Bilfinger-Berger	2 037 000 Euro
44	Klaus Probst, Leoni	1 885 000 Euro
45	Wolf Schumacher, Aareal-Bank	1 874 000 Euro
46	Robert J. Koehler, SGL Carbon	1 812 000 Euro
47	Thomas-B. Quaas, Beiersdorf	1 796 000 Euro
48	Thomas Enders, EADS	1 738 000 Euro
49	Wolfgang Ziebart, Infineon	1 736 000 Euro
50	Thomas Middelhoff, Quelle-Karstadt	1 718 000 Euro
51	Hans H. Overdiek, Pfleiderer	1 606 000 Euro
52	Georg Kofler, Premiere	1 512 000 Euro
53	Stefan Ortseifen, IKB Dt. Industriebank	1 471 000 Euro
54	Bernhard Schreier, Heidelberger Druck	1 275 000 Euro
55	Carsten Maschmeyer, AWD	1 253 000 Euro
56	Henning Kreke, Douglas	1 247 000 Euro

Wer möchte nicht auch gerne ein finanziell sorgenfreies Leben führen können? Es kann keine Frage sein, daß Leistung und Verantwortung den Gehältern (Vorstandsbezügen) entsprechen sollen. Wenn allerdings Unternehmen von hochbezahlten Managern in die Insolvenz getrieben oder unter Marktwert verscherbelt werden (profitable feindliche Übernahmen), stellt sich die Forderung nach gesetzlichen Regelungen im Rahmen der wirtschaftlichen Ordnung der BRD. Die soziale Marktwirtschaft mit der ihr innewohnenden Bindung zum Menschen gestattet den Ausverkauf von Arbeits- und Produktionsstätten nicht.

Bemerkenswert sind nicht nur die Spannen zwischen den Managerbezügen (Pos. 1–11 u. 12–56), sondern auch die Einkünfte jener

<u>Manager von Unternehmen, deren Vermögen oder Kapitalanteile</u> überwiegend oder wesentlich der öffentlichen Hand zuzurechnen sind (Post, Bahn, VW).

<u>Mindestlohn</u>
Nach einem Bericht im Kölner Stadtanzeiger vom 21.2.2007 beabsichtigt Bundesarbeitsminister Müntefering (SPD) mit der geplanten Arbeitsmarktreform einen allgemeinen gesetzlichen Mindestlohn von zunächst 5 Euro netto pro Stunde sowie flächendeckend staatliche Lohnzuschüsse für untere Einkommensbereiche einzuführen. Das Modell beruhe auf Berechnungen des Wirtschaftsweisen Prof. Bofinger. Die Finanzämter sollen künftig niedrige Einkommensgruppen durch eine abgestufte Übernahme der Sozialabgaben bezuschussen. Bei 5 Euro Stundenlohn würden die Beiträge zur Kanken-, Pflege-, Arbeitslosen- und Rentenversicherung vom Staat gezahlt werden. Der allgemeine Mindestlohn soll die Finanzierbarkeit des Modells sicherstellen und ausufernde Mitnahmeeffekte durch die Arbeitgeber verhindern (so Klaus Brandner dem KStAnz.).

Der DGB-Vorsitzende Sommer forderte in der Kundgebung am 1. Mai 2007 einen Mindestlohn von 7,50 Euro je Stunde. Nach neueren Berichten lehnt die Union staatliche Vorgaben für Mindestlöhne ab und setzt im Niedriglohnbereich auf einen Kombilohn. Der Interessenverband deutscher Zeitarbeitsunternehmen hat die vom Bundesarbeitsminister entwickelten Pläne für einen branchenüblichen Mindestlohn-Tarifvertrag begrüßt, weil ein Absturz auf der Lohnskala verhindert und auch in Zukunft flexible Brücken in den ersten Arbeitsmarkt garantiert seien (KStAnz. 6.3.2007). Der vom Bundesarbeitsminister anvisierte Weg dürfte die Lage auf dem Arbeitsmarkt nicht wirklich entspannen. Realitätsbezogen ist die Forderung des DGB-Vorsitzenden über einen Mindestlohn von 7,50 Euro. Für die Postler (Briefzusteller) wurde in diesen Tagen (September 2007) ein Mindestlohn von 9,80 Euro bzw. 9,00 Euro (Ostdeutschland) vereinbart. Ein Schritt in die richtige Richtung!

Beachtenswert bleibt für die deutschen Arbeitnehmer die arbeitsmarktpolitische Bedeutung: Für Millionen osteuropäischer Arbeitnehmer fallen die Arbeitsmarktgrenzen im Jahre 2009 bzw. 2011. Ohne die Mindestlohnregelung würde nach Öffnung der Arbeitsmarktgrenzen der deutsche Arbeitsmarkt von Billiglohnkräften überflutet mit der Folge, daß Millionen deutscher Arbeitnehmer als Arbeitslose enden würden – die soziale Katastrophe wäre komplett.

Die Querschüsse aus dem christlich-sozialen Lager sind unverständlich, zumal die Aussagen in den päpstlichen Sozialenzykliken und die Untersuchungen des Soziologen Max Weber zum Ende des 19. Jahrhunderts zur Ausbeutung der Arbeitnehmer beiseite geschoben werden. Beachtlich ist die Tatsache, dass die Christlich-Sozialen um 70 Jahre den Erkenntnissen von US-Präsident Roosevelt aus dem Jahre 1938 hinterherhinken. Präsident Roosevelt sagte damals:

»Unternehmen, deren Existenz lediglich davon abhängen, ihren Beschäftigten weniger als einen zum Leben ausreichenden Lohn zu zahlen, sollen in diesem Land kein Recht mehr haben, weiter ihre Geschäfte zu betreiben.

Mit einem zum Leben ausreichenden Lohn meine ich mehr als das bloße Existenzminimum – ich meine Löhne, die ein anständiges Leben ermöglichen.« (Anzeige Spiegel 44/2005)

Nach alledem kann ich der CDU/CSU-Fraktion empfehlen, sich ernsthaft um den Besuch eines Seminars bei Prof. Dr. Friedhelm Hengsbach (SJ) in Frankfurt zu bemühen. Möglicherweise genügt für die christlich-sozialen Politiker auch die Beschaffung des Manuskriptes über den Vortrag, den Prof. Hengsbach im August 2002 über die »Finanzpolitik im Namen der Gerechtigkeit« gehalten hat (veröffentl. in Tagesdokumentation ver.di).

<u>Abwanderung hochqualifizierter Arbeitskräfte</u>

Immer wieder sprechen die Regierenden von der Notwendigkeit, das Bildungssystem zu verbessern und die Innovation zu steigern. Milliardenschwere Programme werden zur Erreichung des Zieles auf den Weg gebracht.

Im Jahre 2005 haben 145 000 Deutsche unser Land verlassen. Wie das Statistische Bundesamt festgestellt hat, handelt es sich um die höchste Abwanderung seit 1950. Es handelt sich bei den Auswanderern nicht um Aussteiger oder Leute, die in anderen Ländern um Sozialhilfe nachsuchen, sondern überwiegend um gut ausgebildete Akademiker und Fachkräfte, die ihre beruflichen Chancen in Ländern wie den USA und Kanada, aber auch im benachbarten europäischen Ausland, in Skandinavien oder Ostasien, suchen. Während früher die Menschen aus *Not* ausgewandert sind, entscheiden sie sich heute, weil die Verhältnisse in einem überreglementierten, <u>bürokratisch verkrusteten deutschen Gemeinwesen</u> ihren Lebenslauf zunichte machen. Diese leistungsbereiten Köpfe fehlen der deutschen Volkswirtschaft. Bespielhaft ist besonders, daß wir mit einem Millionen-Aufwand die Mediziner-Ausbildung finanzieren und Jahr für Jahr junge Ärzte die BRD verlassen, um in Großbritannien und Skandinavien ihre Zukunft zu errichten. <u>Kein Land verliert weltweit so viele junge leistungsbereite Menschen.</u> Die Politikgestalter sind offenbar steuerungsunfähig. Statt die eigenen gut ausgebildeten Menschen zu halten, wurde von der Schröder-Regierung der (gescheiterte) Versuch unternommen, über die sog. »Green-Card-Aktion« ausländische Fachkräfte nach Deutschland zu holen. Es bleibt zu hoffen, daß die derzeitige große Koalition (CDU-CSU-SPD) das Boot auf Kurs bringt.

XVI. Rentenpolitik, Generationengerechtigkeit

Während in der Vergangenheit die Arbeitnehmer in ihrer Gesamtheit mit ihren Sozialversicherungsbeiträgen im Umlageverfahren die Rentenfinanzierung gesichert haben, soll in absehbarer Zeit (etwa ab 2030) diese Finanzierung allein zur Alterssicherung nicht mehr ausreichen.

Rechnerisch – so immer wieder regierungsseitig vernehmbar – müßten zwei Arbeitnehmer für einen Rentner aufkommen. Das aber sei den nachfolgenden Generationen nicht zuzumuten. Gefordert wird ein Generationenausgleich, wie immer der gestaltet sein mag. Der frühere Arbeits- und Sozialminister der Kohl-Regierung, Norbert Blüm, hat in den letzten Jahren wiederholt darauf hingewiesen, »daß die Altersrenten nach dem Umlageverfahren sicher gewesen seien. Dem demografischen Faktor (Abnahme der arbeitenden Menschen – drastische Zunahme der Alterspyramide) sei bereits durch die Umstellung auf das ›Nettolohnprinzip‹ von seiten der Kohl-Regierung Rechnung getragen worden. Erst das von Rot-Grün geänderte System habe die Eigenvorsorge (Riester-Rente) notwendig gemacht.« Von den Politikern der Neuzeit wurden die erzwungenen Immobilienverkäufe durch die Versicherungsträger und die vom Gesetzgeber den Rentenversicherungsträgern aufgezwungenen versicherungsfremden Leistungen (sog. Fremdrenten), die ohne Beitragsleistungen zu erbringen sind, verschwiegen. Wenig bekannt ist der Öffentlichkeit, daß die Regierung Kohl (CDU, CSU, FDP) den Umbruch in den neuen Ländern allein zwischen 1991 und 1994 mit mehr als 100 Milliarden DM aus Beiträgen der Arbeitgeber und Arbeitnehmer zur Sozialversicherung bezahlen ließ (so Ulla Derwein, ÖTV-Hauptvorstand in ÖTV-Magazin 11/12-1995).

<u>Generationengerechtigkeit</u>

Im letzten Bundestagswahlkampf zog der SPD-Politiker Müntefering durch das Land, er versprach Generationengerechtigkeit.

Seit der Wahl war er als Sozialminister auch verantwortlich für die Rentenpolitik, mithin auch für die Anpassung der Altersrenten an die Lohnentwicklung (Rücktritt Anfang Nov. 2007; Nachfolger Olaf Scholz, SPD).

Die ständigen Aussagen zur Generationengerechtigkeit sollen offenbar dazu dienen, den 20 Millionen Rentnern der Einkommensentwicklung angepaßte Rentensteigerungen aufgrund der Einkommensentwicklung vorzuenthalten. Hinzu kommt zur Beruhigung noch die Aussage, daß eigentlich sogar Rentenkürzungen erfolgen müßten, diese aber großzügigerweise nicht vorgenommen würden (Besitzstandswahrung). Des weiteren taucht in jeder Haushaltsdebatte der Hinweis auf, daß ein Staatszuschuß von 60 bis 80 Milliarden Euro jährlich an die Rentenkasse geleistet werde.

Nach Auffassung von Sachverständigen wären die staatlichen Zuschüsse überflüssig, wenn der Bund mit der Schaffung der Fremdrentengesetze die Transferleistungen sofort Jahr für Jahr erbracht hätte. Die herbeigeführte Unübersichtlichkeit gehöre zum politischen Kalkül, damit die Suppe alle Jahre wieder auf den Tisch gebracht werden könne. Die großartige Schau über die Belastungen künftiger Generationen kommt gut an – die Konflikte werden hochgeschaukelt und von den Gegnern des Sozialstaates freudig aufgegriffen und vermarktet.

Keine Aussage habe ich je darüber vernommen, daß dieser Staat von den jetzigen Rentnergenerationen aus einer Trümmerlandschaft aufgebaut worden ist und erst den späteren Generationen ein Leben in gesicherten Verhältnissen ermöglicht hat.

Unerwähnt bleibt geflissentlich in den Diskussionen um den demografischen Faktor die Tatsache, daß Millionen junger Männer vom NS-Staat an den Fronten des Zweiten Weltkrieges verheizt worden sind und ohne dieses Ereignis der demografische Faktor heute anders aussähe. Die in die Rentnerjahre kommenden Nachkriegsgenerationen werden begreifen müssen, daß die Kriegsfolgen von allen Deutschen geschultert werden müssen. Eine Abnabelung von der deutschen Geschichte ist nicht möglich. Erschreckend ist allerdings, daß das Generationenproblem bei der steuerfinanzierten Versorgung der Machteliten nicht auftaucht (siehe Politikerpensionen aus der Staatskasse).

Was die Politiker von der <u>Generationengerechtigkeit</u> halten, wird bei einem Vergleich zwischen der Pensionsregelung für Beamte (Beamtenversorgungsgesetz) und der Rentengesetzgebung für Arbeitnehmer deutlich. Politiker sprechen zwar häufig über die Generationengerechtigkeit, vermeiden jedoch peinlichst, den Vergleich der Alterssicherung zwischen den Staatsdienern (Beamten) und den Arbeitnehmern in Industrie, Handel und Gewerbe anzusprechen.

Der Beamte erhält 71 v.H. seiner letzten Dienstbezüge als Pension (Regelleistung). Der sozialversicherungspflichtige Arbeitnehmer soll künftig etwa 43–45 v.H. seines durchschnittlichen monatlichen Lebenszeitarbeitseinkommens als Altersrente erhalten. Ausfallzeiten (Arbeitslosigkeit, Krankheit etc.) lassen die Altersrente auf unter 40 v.H. absinken. Ohne Betriebs- oder Riesterrente wird ein Niveau erreicht, mit dem sich weder leben noch sterben läßt.

Beamte und Arbeitnehmer verrichten gleichermaßen ihren Beitrag zur Volkswirtschaft. Ist die Ausgangsbasis grundsätzlich vergleichbar, sollten auch die Alterssicherungssysteme vergleichbar gestaltet werden. <u>Generationengerecht wäre eine Altersversorgung für alle Dienst- und Arbeitnehmer, die der jetzigen Beamtenversorgung entspricht</u>. Eine solche Altersversorgung wäre mit der Menschenwürde vereinbar – Generationenkonflikten wäre von vornherein der Boden entzogen (siehe schwedisches Modell). Der immerwährende Hinweis der Politiker auf die besondere verfassungsrechtliche Regelung für Beamte (Alimentationspflicht des Staates für Beamte nach Art. 33 Abs. 5 GG) könnte Veranlassung sein, über eine Neuregelung nachzudenken, insbesondere über steuerfinanzierte Alterssicherungssysteme für alle Dienst- und Arbeitnehmer.

<u>RV-Nachhaltigkeitsgesetz</u>

Mit dem 2005 verabschiedeten Nachhaltigkeitsgesetz wurde der sog. Nachhaltigkeitsfaktor von der rot-grünen Koalition in die Rentengesetzgebung eingeführt.

Er beeinflußt den Anstieg der Renten und stellt, anders als der demografische Faktor, auf das aktuelle Verhältnis zwischen Beitragszahlenden und Leistungsempfängern ab. Der neue Faktor soll generationengerecht wirken. Wenn das Beitragsvolumen kleiner werde, dämpfe er den Rentenanstieg. Wenn es aber gelinge, die Zahl der Beschäftigten zu erhöhen, wirke er sich positiv aus, weil dann auch die Rentenzuwächse für die ältere Generation höher seien. Der Nachhaltigkeitsfaktor trage dazu bei, daß die Rentnerinnen/Rentner am Wohlstand teilhaben können. Aber in Zeiten der konjunkturellen Schwäche oder einer hohen Arbeitslosigkeit dämpfe er den Rentenanstieg und damit die Höhe der Beiträge.

Als Ziel hat Ministerin Schmidt erklärt, für 2020 einen Beitragssatz nicht über <u>20</u> v.H. und das Rentenniveau bei <u>40</u> v.H., 2030 bei 43 v.H., anzustreben (BT-Drucksache 11.3.2004, S. 8663 ff.).

Nach Aussage der Ministerin handelt es sich bei dem Mindestsicherungsniveau nicht um eine Mindestrente, sondern es bedeute, daß der Gesetzgeber, wenn in der langjährigen Vorausschau dieses Niveau unterschritten werde, handeln müsse. Das Niveau von 43 oder 46 v.H. reiche nicht aus, um den Lebensstandard zu sichern (Gesetz so beschlossen von SPD/B 90 – Die Grünen <u>gegen</u> die Stimmen von CDU/CSU/FDP sowie der fraktionslosen Abgeordneten der PDS).

Keine Aussagen habe ich vernommen, wie die Eigenvorsorge bei längerer Arbeitslosigkeit oder Krankheit (Invalidität) von den betroffenen Bürgern aufgebracht werden soll.

Nun hat die neue Koalition CDU/CSU/SPD nach dem Willen des (bisherigen) Vizekanzlers und Ministers für Arbeit und Soziales Müntefering das Renteneintrittsalter auf 67 Jahre hochgedrückt, angeblich zur Sicherung der Rentenfinanzen. Das mit diesem

Vorhaben versteckte Ziel wird schnell deutlich: Einsparungen bei den Ausgaben. Jeder sozialversicherungspflichtige Arbeitnehmer kennt als künftiger Rentner die hohen Abschläge, wenn das Renteneintrittsalter nicht erreicht werden kann. Zu Recht haben die Gewerkschaften, insbesondere die IG-Metall, darauf hingewiesen, daß in zahlreichen Berufen die Berufsausübung bis zu diesem Alter nicht möglich ist (Dachdecker, Bauarbeiter, Zimmerleute, Fließbandarbeiter u.a.m.). Der Minister hat versichert, daß die Altersrente ungekürzt bleibe, wenn 45 Versicherungsjahre erbracht worden seien.

Der seit langem anhaltende Druck zur Senkung der Lohnnebenkosten (Beiträge zur RV, KV, AB) wird mit der gefährdeten Wettbewerbsfähigkeit der deutschen Wirtschaft begründet, einhergehend mit dem Lohndruck gegen die Arbeitnehmer und die Tarifgewerkschaften, obwohl seit über 10 Jahren keine realen Lohnzuwächse mehr zu verzeichnen waren.

Schweden macht deutlich, daß es anders geht. Die Sozialsysteme werden über Steuern finanziert – damit wird der Faktor Arbeit entlastet und die Wettbewerbsfähigkeit der Unternehmen erhöht. In der BRD werden nur die Pensionen der Politiker und die Altersversorgung der Beamten über den Steuerhaushalt finanziert.

Gesundheitspolitik – Zweiklassenmedizin

Der Gesundheitspolitiker Karl Lauterbach (SPD) weist in seinem Buch »Der Zweiklassenstaat« (2007 rowohlt, Berlin) im Abschnitt »Zweiklassenmedizin« schlüssig nach, daß von der Wiege bis zur Bahre für den Menschen entscheidend ist, ob er als Pflichtversicherter einer gesetzlichen Krankenkasse angehört oder ob er aufgrund seiner Einkommens- oder Vermögensverhältnisse privat versichert ist.

Der Privatpatient erhalte teurere Arzneimittel, er müsse weniger lange beim niedergelassenen Facharzt warten, er habe besseren Zugang zu allen Spezialkliniken und besonders ausgewiesenen Spitzenärzten und könne über deutlich mehr Wahlmöglichkeiten im System verfügen. Der wichtigste strukturelle Vorteil neben dem Zugang zum Spezialisten sei die Möglichkeit, Universitätskliniken für langfristige ambulante Versorgungen in Anspruch nehmen zu können. Ein Krankenkassenpatient könne vom Krankenhausarzt nur behandelt werden, wenn er mittels Einweisung stationär in Behandlung aufgenommen werde. Krankenhäuser dürften ihre Spezialisten nicht für dauerhafte ambulante Behandlung gesetzlich versicherter Patienten einsetzen. Eine Ausnahme gelte nur für die Universitätspolikliniken per Überweisungsschein, allerdings nur für akute, sporadische Behandlungen, nicht für dauerhafte ambulante Therapien. Inanspruchnahme von etwa 4,6 Millionen von 540 Millionen Arztbesuche im Jahr.

Kernaussagen von Prof. Karl Lauterbach

1) Bei einer ernsten, seltenen oder schwerwiegenden Krankheit komme alles darauf an, von einem der sehr guten Ärzte behandelt zu werden. Der gesetzlich Versicherte bleibe oft auf der Strecke, weil er keinen oder nur einen sehr späten Zugang zum Spezialisten habe.

2) Die Experten in fast allen Bereichen der Medizin behandelten vornehmlich oder ausschließlich Privatpatienten.
<u>Die beste Versorgung biete für den schweren Fall das Krankenhaus vor Ort als Ausnahmefall.</u>
Die Regel sei anders, sonst könnte man auf die Spezialisierung verzichten. Durch die Behandlung in einem spezialisierten Krankenhaus könnten viele Todesfälle vermieden werden (so eine wissenschaftliche Studie aus den USA).

3) Kinder mit Risikofaktoren hätten eine höhere Überlebenschance, wenn sie in einer auf Neonatologie spezialisierten Klinik geboren werden. Würden sie in einer Allgemeinklinik geboren werden, würden sie häufiger sterben oder ihr Leben lang mit einer Behinderung kämpfen müssen.

4) Ein gesetzlich Versicherter habe praktisch keine Chance, bei einem renommierten Chefarzt vorsprechen zu können. Das entscheide sich nämlich an der Frage, ob man privat oder gesetzlich versichert sei. Den Politikern sei das bekannt; die Hälfte aller BT-Abgeordneten habe sich für die private Krankenversicherung entschieden.

Problematisch sei im System die groteske Situation, daß die Fachleute die am schwersten erkrankten oder auch medizinisch interessanten Patienten oft gar nicht sehen, weil diese 90 v.H. gesetzlich versichert seien. Schwererkrankte Privtpatienten holen sich Zweitmeinungen von Universitätsprofessoren ein, um sich auf der Grundlage mehrerer Diagnosen und Behandlungspläne für die optimale Therapie entscheiden zu können. Ein gesetzlich Versicherter werde nicht wirklich einem Spezialisten vorgestellt.

5) Das deutsche Gesundheitssystem sei nicht nur ungerecht, sondern auch zu teuer und ineffizient. Es habe zu einem beispiellosen Niedergang der klinischen Forschung geführt. Nach der von Lauterbach angegebenen Quelle (Coppen, A. u. Bailey, J.) rangiere Deutschland an 16. Stelle unter den zwanzig meistzitierten Ländern in der klinischen Medizin, nur noch vor Italien, Japan, Spanien und Taiwan. Auf den vorderen zehn positiven Ländern lägen Schweden, Schottland, die Schweiz, Finnland, Dänemark und die Niederlande, England, Norwegen, die USA, Israel, gefolgt von Kanada, Belgien, Australien, Österreich und Frankreich.

6) Das deutsche Gesundheitssystem sei das drittteuerste der Welt, nur übertroffen von den USA und der Schweiz. Das System der Privatversicherten mit den Einkommensstarken und den Gesünderen mit einer höheren Lebenserwartung ruiniere die Forschung und verschlechtere die Versorgung der vielen gesetzlich Versicherten.

7) Von der wichtigsten und gefährlichsten Form der Überversorgung, der medizinisch nicht notwendigen Einweisung in

das Krankenhaus, sei nur der gesetzlich Versicherte betroffen. <u>Hier gehe es um überflüssige Operationen oder medizinische Untersuchungen mit hohen Komplikationsraten.</u> Oft würden die Patienten so lange erfolglos von nicht ausreichend qualifizierten niedergelassenen Ärzten durch die Mühle gedreht, bis nichts anderes mehr übrigbleibe, als sie in das Krankenhaus einzuweisen, um dort die Diagnose stellen zu lassen. Privatpatienten würde der Krankenhausaufenthalt oft erspart bleiben, weil es schon vorher zu einer zutreffenden Diagnose komme.

8) Die doppelte Facharztschiene hält der Autor für die wahrscheinlich größte Quelle von Unwirtschaftlichkeit und Ungerechtigkeit im deutschen System. Es gehe nicht in erster Linie um die sog. Doppeluntersuchungen von zwei Ärzten. Eine viel wichtigere Rolle spielten die überflüssigen Krakenhauseinweisungen und die Untersuchungen und Behandlungen, die überhaupt nicht notwendig seien oder die in kurzen Abständen durchgeführt würden. Länder wie Frankreich oder Italien würden mit einer vergleichbaren, wenn nicht gar besseren medizinischen Versorgung und mit geringeren Ausgaben beim Ranking der Gesundheitssysteme der WHO die Plätze 1 und 2 belegen, obwohl Deutschland die weitaus höhere Facharztdichte aufweise. Das gehe zu Lasten der Behandlungsqualität der gesetzlich Versicherten.

9) Niedergelassene Fachärzte verhinderten, daß sich gesetzlich Versicherte auch an einen Krankenhausspezialisten wenden könnten. Sie wollten das Monopol auf Patienten, die sie zum Teil nicht zu würdigen wüßten und oft schlecht behandelten. Dadurch entständen Kosten für Über-, Unter- und Fehlbehandlung. <u>Der Patient irre ohne die zutreffende Diagnose von Arzt zu Arzt,</u> und oft rechne jeder einzelne Arzt die volle Palette seines Untersuchungspektrums ab. Und gleichzeitig unterbleibe die Behandlung der noch immer nicht festgestellten Krankheit. Das sei die entscheidende Unterversorgung.

So dürfte es nicht überraschen, daß wir bei keiner einzigen Volkskrankheit im internationalen Vergleich besonders gute Überlebensraten vorweisen könnten. Deutschland liege <u>im Vergleich hinter den Ländern</u> wie der Schweiz, Spanien, Australien, Schweden, Kanada, Italien, Norwegen, Frankreich, Griechenland oder Österreich. Die Sterblichkeit bei der koronaren Herzkrankheit habe in Deutschland nicht so stark gesenkt werden können wie in anderen europäischen Staaten, **obwohl in Deutschland europaweit die meisten Herzkatheteruntersuchungen, bezogen auf die Bevölkerungszahl, durchgeführt würden. Ähnlich stelle sich die Situation bei der Zuckerkrankheit dar. Der Sachverständigenrat habe hier eine gravierende Lücke zwischen dem medizinisch Erreichbaren und den tatsächlich in der Alltagsversorgung erreichten Ergebnissen festgestellt.**

10) Prostata-Krebsoperationen (bei den Männern)

Die Behandlung dieser Thematik durch Prof. Lauterbach kann nicht hoch genug bewertet werden. Er macht besonders deutlich, daß den operativen Erfahrungen des Chirurgen (Urologen) die größte Bedeutung beizumessen ist. <u>Amerikanische Fachgesellschaften hätten 55 Eingriffe pro Jahr und Krankenhaus</u> für notwendig erachtet – eine Quote, die in der BRD nur ein Viertel der Kliniken, die Prostata-Operationen durchführen, auch erreichten. Vielmehr würden in der BRD die Fälle so auf die Krankenhäuser verteilt, als ob die Forschung bewiesen hätte, daß die Ergebnisse der Operation um so besser wären, je weniger Erfahrung der Chirurg mit dem Eingriff hätte. Weiter wird deutlich gemacht, daß der gesetzlich versicherte Patient nach der Krankenhausentlassung zwischen den Ärzten verschiedener Fachrichtungen ambulant hin- und hergereicht werde, wenn Komplikationen auftreten (Inkontinenz). Zuständig für die Behandlung des Kassenpatienten fühle sich eigentlich niemand.

In den USA, den skandinavischen Ländern und in den Niederlanden werde die Behandlung in einem Zentrum für Prostatakrebs durchgeführt mit einer wahrscheinlich niedrigeren Komplikationsrate. Komme es zu Komplikationen, werde der Patient weiterhin im Krebszentrum behandelt; hier würden die Fachgruppen zusammenarbeiten und in gemeinsamen Konferenzen den Fall besprechen. Der Operateur stehe hier weiter in der Verantwortung und müsse die Behandlung fortführen. <u>Die Behandlung aus einer Hand habe sich nicht nur als besser, sondern auch als kostengünstiger erwiesen.</u>

Ein derartiger Behandlungsablauf steht in der BRD fast ausschließlich den privat Versicherten zur Verfügung, weil sie ihre Ärzte frei auswählen könnten. Im Falle einer Komplikation stehe auch nach dem Eingriff der Arzt zur Verfügung, der die Operation vorgenommen habe, und zwar auch für die ambulante Betreuung.

Der gesetzlich versicherte Patient werde dagegen nach dem Auftreten von Komplikationen »durch das System« gereicht. Es beginne für den Patienten die *»Drehtürmedizin«.*

Anmerkung: Zuständig für die Gesundheitspolitik war in den letzten Jahren bis Oktober 1998 (CDU/CSU/FDP-Koalition) Minister Horst Seehofer. Seitdem liegt die politische Verantwortung bei der Ministerin Ulla Schmidt (SPD).

XVII. Die Bundesländer und die Neugliederung des Bundesgebietes

Es gibt 16 an der Zahl, große und kleine, finanzstarke und arme Länder. Doch allen gemeinsam ist, daß sie über ein Parlament (ein Abgeordnetenhaus) verfügen. Insgesamt gibt es

<u>1840 Parlamentarier (Abgeordnete)</u>

ohne die ca. 600 Volksvertreter im Deutschen Bundestag. Dazu gesellen sich die Minister, eine große Zahl politischer Beamter (Staatssekretäre), ca. 132 Ministerien bzw. Senatsverwaltungen. Es darf durchaus von einer blühenden Bürokratie in deutschen Landen gesprochen werden. Natürlich entspricht das der föderativen Ordnung des Grundgesetzes.

Die Bezüge (Diäten plus Aufwandsentschädigung) der Landtagsabgeordneten dürften in etwa mit denen der Bundestagsabgeordneten vergleichbar sein. Im Bund erhält jeder Abgeordnete 10 000 Euro, jeder Minister etwa 13 000 Euro, wenn er kein Mandat hat. Der Staatssekretär wird mit knapp 13 000 Euro vergütet, für ein Abgeordnetenmandat erhält der Staatssekretär 3500 Euro an Diäten hinzu.

Für <u>1840</u> Abgeordnete fallen bei 13 Monaten jährlich rd. 239 Millionen Euro an, in einer Wahlperiode von 4 Jahren mithin ca. 1 Milliarde. Für 148 Minister einschl. der Chefs der Staatskanzleien errechnet sich der Betrag auf ca. 25 Millionen Euro jährlich (ohne Diätenanfall). Nach jeder verlorenen Landtagswahl (Senatswahl) werden die Minister und die politischen Beamten ausgewechselt ggf. mit anderen hochdotierten Posten versorgt.

Selbstverständlich existieren in allen Ländern die Einrichtungen der Parteien mit ihren Bürokomplexen und zahllosen Beschäftigten (Landes-, Bezirks- u. Kommunalsekretäre und die Hilfskräfte).

<u>Neugliederung der Bundesländer</u>

Das Grundgesetz (Art. 29) ermöglicht eine Neugliederung des Bundesgebietes, um zu gewährleisten, daß die Länder nach Größe und Leistungsfähigkeit die ihnen obliegenden Aufgaben wirksam erfüllen können. Maßnahmen zur Neugliederung ergehen durch Bundesgesetz, das der Bestätigung durch Volksentscheid bedarf. Die betroffenen Länder sind zu hören (s. weiter Text Art. 29 GG).

Die im vorigen Abschnitt aufgezeigten (gewachsenen) parteipolitischen Strukturen lassen die Frage berechtigt erscheinen, ob der föderative Staatsaufbau aus dem Jahre 1949 mit 10 und ab 1956 mit 11 Ländern (das Saarland kam erst 1956 zur BRD), <u>und ab 1990 mit 16 Ländern dem Volk noch zuzumuten ist. Wenn ja, wieviel Länder sind wirtschaftlich und steuerpolitisch tragbar, ohne ständige Notoperation des Bundes zugunsten der Länder?</u>

Warum nach der Wende mit dem Deutschlandvertrag die Neugliederung nicht ins Auge gefaßt worden ist, bleibt staatspolitisch unergründlich! Die Föderalismuskommission hat das Thema für unabsehbare Zeit auf Eis gelegt.

Der SPD-Fraktionschef Peter Struck bezeichnete jüngst die Länderneugliederung als <u>»Mutter aller Reformen«</u>. Der Sozialdemokrat *Müntefering* sagte beim Reformanlauf unter der rot-grünen Regierung:

»Wenn wir dieses Faß aufmachen, brauchen wir gar nicht erst anzufangen.«

Statt dessen feilten die Föderalismusreformer immer filigraner an einer Umverteilung der Gesetzgebungszuständigkeiten, Abweichungs- und Widerspruchsrechte zwischen dem Bund und den Ländern. Das <u>Kernproblem</u> aber blieb unberührt:

Die Mehrheit der 16 Länder ist aus der Kraft ihrer eigenen Staatsgewalt gar nicht mehr lebensfähig …

Zwar hat das Bundesverfassungsgericht in einem ausführlichen Urteil aus dem Jahre 1992 tatsächlich eine sehr weitreichende

Nothilfepflicht des Bundes für die Länder in »extremer Haushalts-
lage« begründet, aber auch den Hinweis gegeben:

»Wenn das Geld im Bunde nicht mehr reiche, ein chronisch
schwaches Land mitzuschleppen, gebe es ›schließlich‹ auch die Möglichkeit«, Deutschland »neu zu gliedern, um zu gewährleisten, daß
die Länder nach Größe und Leistungsfähigkeit die ihnen obliegenden
Aufgaben wirksam erfüllen können …« (wie das GG es befiehlt).

Die Länder haben verstanden. Wenn sie sich nicht selbst helfen,
werden zumindest einige von ihnen untergehen, vielleicht sogar
die ganze verschrobene Ordnung, von der schon Deutschlands
erster Bundespräsident Theodor Heuß spottete, sie entspringe
der »Sentimentalität heimatkundlicher Schulbücher«.

Das Tegernsee-Papier der Föderalismuskommission umschreibt
die Zielsetzung. Wenn es nicht anders gehe, soll die Schuldenauf-
nahme eines Pleitelandes künftig ausgeschlossen werden. Weitergehende Konsolidierungsspielräume sollen den Bundesgenossen
am Abgrund eingeräumt werden, indem ihnen erlaubt sei, bun-
desgesetzlich garantierte Sozialleistungen (BAföG, Jugend- und
Sozialhilfe) ihren Bürgern zumindest teilweise nicht mehr auszu-
zahlen. Außerdem sollen die Länder »in die Lage versetzt werden,
zusätzliche Einnahmen zu generieren«. Die Landeskinder könnten
so zu »Sonderabgaben« zur Rettung des Bundeslandes gezwungen
werden. Ein Bund-Länder-Ausschuß soll außerdem die Befugnis
bekommen, marode Länder unter Vormundschaft zu stellen (zitiert aus Spiegel 22/2006).

Besonders bemerkenswert ist die Tatsache, daß der frühere Bundesfinanzminister Waigel (CSU) bereits nach der Wende 1990
konkrete Vorschläge zur Neuordnung der Länder gemacht hat:
1) Schleswig-Holstein mit Hamburg und Mecklenburg-Vor-
   pommern (Küstenländer)
2) Niedersachsen mit Bremen und Sachsen-Anhalt
3) Brandenburg mit Berlin

4) Hessen mit Thüringen

5) Rheinland-Pfalz mit Saarland

6) Bayern, Baden-Württemberg, Sachsen und NRW unverändert

(so Spiegel 21/2003)

Der CSU-Politiker Waigel hat bereits damals den neuen Weg einer bundesstaatlichen Ordnung vorgezeichnet. Seine Weitsicht hat sich als zutreffend erwiesen. Der Spiegelaussagen in »Die verstaubte Verfassung (II)« Nr. 21/2003

»Die deutsche Kleinstaaterei steht einer fairen Konkurrenz der Länder im Wege. Effizienter wären – wider allen Egoismen – gestärkte Großregionen« ist *nichts* hinzuzufügen.

Die zuvor zitierte Aussage des ersten Bundespräsidenten spricht für sich.

Vordergründig behaupten Politiker, eine Neugliederung des Bundesgebietes nach Art. 29 GG sei nicht machbar, weil dadurch die geschichtlich gewachsenen Strukturen (Bräuche, landsmannschaftliche Bindungen) zerstört würden. <u>Tatsächlich geht es um die Erhaltung der Machtstrukturen in den Ländern.</u> Keiner spricht von den Einsparungen an Milliarden Euro zugunsten des Staatshaushalts, der im übrigen im wesentlichen von den Arbeitnehmern finanziert wird. Nur die Aufrechterhaltung des »Status quo« sichert die Parteienfinanzierung. So fügen sich die Ausführungen des Politikers Müntefering gegen eine <u>»Öffnung des Fasses«</u> ein in die tatsächliche Lage. Der Verlust von Einfluß und Macht der Parteien in den Ländern kann nicht im Sinne der Machteliten sein. Auf das gemeine Wohl für unsere Gesellschaft soll es offenbar nicht ankommen, sonst wäre die Neugliederung unmittelbar nach der Wende auf den Weg gebracht worden.

<u>Die Neuordnung der Länder</u> könnte auch Veranlassung sein, den kleinkarierten Größenwahn in Brüssel auf den Prüfstand zu stellen,

weil die Außenvertretung der Bundesrepublik Sache der Bundesregierung ist. Der Bund hat nach Art. 23 GG die Meinung des Bundesrates »zu berücksichtigen«. Eine Ausnahme gilt nur für den Fall, wenn ausschließlich Zuständigkeiten der Länder von EU-Maßnahmen berührt werden.

Unverständlich muß für die Bürger in unserem gebeutelten Sozialstaat bleiben, daß Länder feudale Residenzen in Brüssel unterhalten. In Berlin wird die 30 Millionen teure Residenz des Freistaates Bayern »Neuwahnstein« genannt. Baden-Württemberg hat eine noch größere Residenz, allerdings nicht in so ausgezeichneter Lage. In der ständigen Vertretung der BRD in Brüssel arbeiten rund 170 Mitarbeiter (zit. Spiegel 46/2004). Warum nicht eine Niederlassung für alle Bundesländer (oder für den Bundesrat) eingerichtet worden ist, darf hinterfragt werden.

XVIII. Der Schuldenstaat

Der Staat erscheint kraftstrotzend. Mit insgesamt 4,8 Millionen Beschäftigte stellt er jeden siebten Arbeitsplatz. Ihm gehören 39 179 Schulen, 12 000 km Autobahnen, 290 000 Krankenhausbetten, aber auch 3428 Tonnen Gold (= 68 560 Zentner). Wo immer der Staat zuständig ist, stehen Aufwand und Ertrag in einem eklatanten Mißverhältnis (Spiegel 19/2006).

Seit einem halben Jahrzehnt gelingt es keinem Bundesfinanzminister, einen verfassungsgemäßen Haushalt vorzulegen. Fast 39 Milliarden Euro nahm der Staat im Jahre 2006 an neuen Krediten auf, die Summe der öffentlichen Investitionen betrug gerade 23 Milliarden Euro. Ähnlich schlimm sieht es in den Bundesländern und den meisten Kommunen aus. Durch das Anhäufen von Schuldenbergen in der Vergangenheit sind die politischen Gestaltungsmöglichkeiten minimal. Zahlreiche Einrichtungen für das allgemeine Wohl (Theater, Sportstätten, Volkshochschulen etc.) mußten geschlossen oder, wenn möglich, privatisiert werden. Laufende Programme für Suchtkranke (Methadon, Heroin) mußten aufgegeben oder drastisch eingeschränkt werden.

Für die Finanzplanung des Staates interessieren sich Finanz- und Sozialwissenschaftler, vor allem die Banker. Der Haushaltsplan bedarf der Zustimmung des Gesetzgebers (Art. 110 GG).

Der Normalbürger interessiert sich nicht für die Finanzgebaren des Staates, es sei denn, ihm werden höhere Steuerlasten aufgebürdet. Der apolitische Bürger nimmt nur am Rande zur Kenntnis, daß über 10,5 Millionen Mitmenschen und über 1 Million Jugendlicher hart an der Armutsgrenze leben und in den Großstädten nicht selten die Prostitution obdachloser Jugendlicher um sich greift. Fragen an die Politiker, wie diese Zustände im Lande des Exportweltmeisters möglich sind, werden im allgemeinen nicht gestellt. Führende christlich-soziale Politiker fordern Steuersenkungen aufgrund der Mehreinnahmen im Bundeshaushalt – über

eine Besserung der sozialen Lage der Menschen in Armut sprechen
sie nicht.

Der Blick des Durchschnittsbürgers fokussiert sich auf das Tages-
geschehen. Geschichtliche Fakten nimmt er nicht zur Kenntnis. Die
Hyperinflation von 1923 ebenso wie die Währungsreform von
1948 haben gezeigt, daß jeder Bürger für die Schulden seines Staates einzustehen hat, die Lohnabhängigen und treugläubigen Sparer
mehr, die Besitzer von Immobilien und Edelmetallen weniger. Die
Bürger übersehen die Tatsache, daß der Staat allein durch seine
Gesetzgebung bestimmt, wann und wie eine Währungsreform
abläuft. Mit anderen Worten:

Der Staat bestimmt die Regularien für den Umtausch der bisherigen Geld- und Vermögenswerte gegen neue Zahlungsmittel
(vgl. Art. 73 Abs. 1 Nr. 4 GG). Immobilienbesitzer wurden bei der
Reform 1948 mit einer Sondersteuer beglückt.

**»Wenn der Staat pleite macht, geht natürlich nicht der Staat
pleite, sondern seine Bürger.« Carl Fürstenberg, deutscher Ban-
kier 1850–1933)**

Die politische Lage im Schuldenland BRD hat sich nach der Wahl von
1998 durch die rot-grüne Koalition nicht etwa stabilisiert. Wiederholt
mußte die Einhaltung der Maastrich-Kriterien (Verschuldensobergrenze
3 v.H. des Bruttoinlandsprodukts) von Brüssel angemahnt werden.
2002 betrug das staatliche Defizit 3,6 v.H., 2003 waren es 3,8 v.H. und
2004 3,6 v.H. Auch für die Jahre 2005 und 2006 lag das Defizit über
der Grenzmarke. Der neue Finanzminister Peer Steinbrück hat gelobt,
ab 2010 keine neue Schulden aufnehmen zu <u>wollen</u>.

Sehen wir uns die Lage der Staatsfinanzen etwas genauer an,
damit die Bürger wissen, was eingedenk der Aussage des Bankiers
Fürstenberg zu erwarten ist.

Der Bund der Steuerzahler beziffert die Staatsverschuldung
mit

<u>1500 Milliarden Euro</u>.
Der Spiegel berichtet in seiner Ausgabe 26/2005 wie der Staat dabei ist, sich selbst zu strangulieren. Die Schulden je Bundesbürger betrugen 2004, umgerechnet auf eine fünfköpfige Familie
87 080 Euro.
Ändern sich die Rahmenbedingungen nicht, betragen die Staatsschulden im Jahre 2020 je Bundesbürger
<u>41 217 Euro</u>.
Derzeitig schreitet die Neuverschuldung fort. Das Defizit betrug
1980 14 Milliarden Euro,
1990 24 Milliarden Euro,
2000 23 Milliarden Euro,
2005 32 Milliarden Euro.
(Spiegel 19/2006)

Von den 262 Milliarden Euro des Bundeshaushalts müssen mehr als 39 Milliarden für Zinsen aufgebracht werden.

Berücksichtigt man nicht nur die aktuelle Staatsverschuldung, sondern auch die Schuldenlast aus künftigen Verpflichtungen der sozialen Sicherungssysteme, ist die Hypothek so gewaltig, daß selbst bei einer Tilgung von jährlich 10 Milliarden Euro
<u>500 Jahre</u>
zur Schuldentilgung notwendig sind. Ähnlich werden nach den Schätzungen des Bundesrechnungshofes mehr als 20 Milliarden Euro an wissenschaftliche, soziale und private Einrichtungen vergeben <u>ohne Kontrolle über die ordnungsgemäße Verwendung des Geldes</u>.

Nicht berücksichtigt sind in diesem Schuldenberg die Versorgungszusagen der Länder an Beamte in Höhe von 1 Billion Euro. Diese eingegangenen Schuldverpflichtungen erscheinen nicht in den periodisch erstellten Haushaltsplänen der öffentlichen Hand (Stern 20/2004 u. Spiegel 12/2007).

<u>Die Länder sind wie folgt verschuldet:</u>

			je Einwohner
1	Baden-Württemberg	13,9 Milliarden	4335 Euro
2	Bayern	9,4 Milliarden	3133 Euro
3	Berlin	71,1 Milliarden	16 919 Euro
4	Brandenburg	38,3 Milliarden	7363 Euro
5	Bremen	49,8 Milliarden	18 564 Euro
6	Hamburg	25,9 Milliarden	12 173 Euro
7	Hessen	19,3 Milliarden	6365 Euro
8	Mecklenburg-Vorpommern	38,8 Milliarden	7457 Euro
9	Niedersachsen	29,– Milliarden	6944 Euro
10	NRW	26,4 Milliarden	7620 Euro
11	Saarland	29,4 Milliarden	8543 Euro
12	Rheinland-Pfalz	32,3 Milliarden	7252 Euro
13	Sachsen	20,3 Milliarden	4079 Euro
14	Sachsen-Anhalt	47,0 Milliarden	9066 Euro
15	Schleswig-Holstein	32,7 Milliarden	8280 Euro
16	Thüringen	39,4 Milliarden	7226 Euro

Die Spitzenlast trägt der Bremer, es folgt der Berliner. Die geringste Last trägt der Bayer, es folgt der Sachse.

Bei der Belastung je Einwohner sind alle Menschen einbezogen (von der Geburt bis zum Tode).

Harsche Kritik an der Finanzpolitik hat Prof. Paul Kirchhoff (ehem. Richter am BVerfG) in einem Spiegel-Interview (23/2006) geäußert. Auf den Punkt gebracht:

1. Ein Finanzminister wird nicht die Bürger begeistern, wenn er einen Haushalt ohne überzeugendes Steuerrecht finanzieren will. Er wird die Bürger eher beeindrucken, wenn er in dieses Verwirrspiel des Steuerrechts eine Perspektive für mehr Gerechtigkeit hineinträgt.

2. Für diesen Rechtsstaat mit seinen hohen Ansprüchen, seinem immensen Finanzbedarf ist es dringend notwendig, daß man zuerst definiert:

- Da ist die Grenze der Belastbarkeit des Bürgers, soviel Geld kann ich einnehmen, was kann ich mit dem Geld machen. <u>Und nicht umgekehrt.</u> Es ist im Moment mit Händen zu greifen, daß die Steuerpolitik nicht konzeptionell gedacht ist.

Kirchhoff hat an den alten Grundsatz von Friedrich dem Großen in seinem zweiten politischen Testament von 1768 erinnert:

»Ein guter Hirte schert seine Schafe, aber er zieht ihnen nicht das Fell ab.«

Jeder Bürger bezahlt in absehbarer Zeit seinen Anteil am Schuldenberg seines Staates. <u>Die im Prekariat lebenden Menschen zahlen vorweg mit dem Abbau von Sozialleistungen,</u> in der Folge zahlen sie mit der Ausgrenzung und mit ihrer Gesundheit. <u>Wer arm ist, stirbt früher!</u>

Trotz aller Unkenrufe treibt die BRD dem Staatsbankrott entgegen. Die Politiker, die die Suppe zubereitet haben, brauchen sie nicht auszulöffeln (vgl. Art. 46 Abs. 1 GG). Sie dürfen mit ihren Angehörigen ihren wohlverdienten Lebensabend an der Côte d'Azur oder in einem anderen irdischen Paradies verbringen.

XIX. Die Macht des Bürgers – ein anderes Wahlrecht

Des Bürgers Macht ist seine Stimme, genau seine zwei Stimmen bei Bundestagswahlen. Mit der Stimmabgabe legitimiert er die im Bundestag vertretenen Politiker mit der Wahrnehmung seiner Interessen für die Dauer der Wahlperiode. Ein Mehr an Bürgermitwirkung wird von den Machteliten nicht gewünscht (Kap. II u. III).

Es kommt bei dem herrschenden Wahlrecht nicht darauf an, wie hoch die Wahlbeteiligung tatsächlich ist, ob 99 oder nur 10 v.H. Die Zahl der Abgeordneten bleibt sich gleich. Das Grundgesetz fordert (leider) für den Bundestag keine Wahlbeteiligung in irgendeiner Größenordnung. <u>Lediglich die Weltöffentlichkeit würde sich die Frage stellen müssen, ob die Mehrheit der Deutschen demokratiemüde ist.</u>

Eine Legitimationskrise würde eintreten, wenn die Wahlbeteiligung unter 50 v.H. absinkt. Die Machteliten könnten dann schlecht behaupten, die Regierungs- und Parlamentsarbeit gedeihe in der BRD so gut, daß die Masse der Wähler den Urnengang für überflüssig halte.

Für die Bürger stellen sich im Hinblick auf die immense Schuldenlast und die Ausrichtung der Sozialpolitik mit über 10 Millionen Menschen in Armut schwergewichtige Fragen an die Politiker. <u>Sind diese tatsächlich Vertreter des ganzen Volkes (so wie das Grundgesetz es will) oder sind sie Abhängige ihrer Nominierungspartei? Parteien-Listenwahlkandidaten und Wahlkreisdirektkandidaten haben zwar dieselben Rechte im Parlament, jedoch sind 315 Landeslistenabgeordnete (von 614) nicht gerade die Gewähr für eine demokratische Streitkultur in unserem Parlament.</u>

Das gegenwärtige System ist nicht einbruchsicher, der Bürger kann es knacken. Er kann das Mehrheitswahlrecht nach englischem Vorbild durchsetzen (Kap. VI–VIII). Mit Petitionen oder Demonstrationen kann *nichts* erreicht werden – wer will sich schon von den satten Trögen trennen? Das Verhalten der politischen Klasse anläßlich des Versuchs zur Einführung plebiszitärerer Elemente in das Grundgesetz spricht gegen eine erwünschte Beteiligung des Volkes an der demokratischen Gestaltung während einer Wahlperiode. Der Parteienkritiker und Verwaltungswissenschaftler Prof. von Arnim (Verwaltungshochschule Speyer) hat in seinem Buch »Das System« zahlreiche Vorschläge gemacht, wie die Demokratie in unserem Lande mit den Bürgern gestaltet werden kann. Erfolgreich waren die Ansätze nur in einigen Bundesländern (Baden-Württemberg), während in anderen Ländern (NRW) nach wie vor am »Einstimmen-Parteien-Listenwahlrecht« festgehalten wird. Die Bundespolitiker haben allemal ihre Ohren auf Durchzug gestellt.

Doch trotz dieser umrissenen Ausgangslage sollten die Bürger die Kraft ihrer Stimmen bei Bundestagswahlen nicht unterschätzen. Die Legitimationskrise wäre das Schlimmste, das den Macheliten beschert werden könnte. Souverän ist und bleibt das Volk!

Das einfache Mehrheitswahlrecht nach englischem Vorbild schafft klare politische Verhältnisse. Das haben die Regierungen des Inselstaates hinlänglich bewiesen. Dieses Wahlrecht ist auch in der BRD durchsetzbar, wenn die Wähler keine Zweitstimmen für die Parteilisten abgeben, sondern nur noch Direktkandidaten des eigenen Wohnsitzwahlkreises wählen, also nur noch die verbleibende »eine Stimme« abgeben.

Der jeweils von der Partei für die Direktwahl vorgeschlagene Wahlkreiskandidat wird (ist) gezwungen, sich in der Konkurrenz mit den Kandidaten der anderen Parteien dem Wähler vorzustellen. Der Wähler kann jeden Kandidaten veranlassen, seine Politikvorstellungen offenzulegen. Vermögensmillionäre als »Volksvertreter« oder die <u>»Diener zweier Herren«</u> (Kap XII) bleiben chancenlos.

Mit einfacher Mehrheit gewählte Direktkandidaten sind gehalten, wenn sie wiedergewählt werden wollen, in regelmäßigen Abständen den Wählern gegenüber Rechenschaft abzulegen.

Es wäre nicht möglich, daß Abgeordnete zahlreiche Wahlperioden auf fetten Vermögenszuwachspolstern absitzen in »geregelter Verantwortungslosigkeit« ohne Rechenschaft.

Nicht zu unterschätzen ist der x-milliardenschwere Vorteil für unser Volk. Die Kungelei um Regierungskoalitionen, die Postenschacherei (Minister, Staatssekretäre u.a.m.) fände schlagartig ein Ende. Jene Partei, die die einfache Mehrheit der abgegebenen Stimmen erreicht hat, bildet die Regierung, *basta*! Die anderen Parteienpolitiker dürfen sich in Opposition üben.

Jeder Bürger, jede Bürgerin kann für die gesamte Dauer einer Wahlperiode die politischen Handlungsprodukte der jeweiligen Regierung zuordnen. Die Regierung verschwindet mit der nächsten Wahl, wenn sie nicht erkennbar dem Volk gedient hat. Die Verantwortung kann nicht vor der Öffentlichkeit hin- und hergeschoben werden.

<u>Ein grandioser Vorteil:</u>

Die Lampenträger werden für Klüngelrunden und Postenschacher nicht mehr gebraucht. Die Bundesagentur für Arbeit würde eine Bereicherung erfahren.

XX. Anhang

Enzyklika Laborem exercens von Johannes Paul II. in der Fassung der Übersetzung von Prof. Oswald v. Nell-Breunig, im Auftrag der Deutschen Bischofskonferenz

DER KONFLIKT ZWISCHEN ARBEIT UND KAPITAL IM GEGENWÄRTIGEN ABSCHNITT DER GESCHICHTE

12. Der Vorrang der Arbeit

1. Angesichts der gegenwärtigen Wirklichkeit, in deren Struktur so viele von Menschen verursachte Konflikte zutiefst eingefügt sind und in der die technischen Mittel – eine Frucht der menschlichen Arbeit – eine erstrangige Rolle spielen, gilt vor allem ein Prinzip in Erinnerung zu rufen, das die Kirche immer gelehrt hat: das Prinzip der Arbeit vor dem Kapital.

Dieses Prinzip betrifft unmittelbar den Produktionsprozeß, bei dem die Arbeit immer den ersten Platz der Wirkursache einnimmt, während das Kapital, das ja in der Gesamtheit der sachlichen Produktionsmittel besteht, bloß Instrument oder instrumentale Ursache ist. Dieses Prinzip ist eine offensichtliche Wahrheit, die aus der ganzen geschichtlichen Erfahrung des Menschen erfließt.

13. Ökonomismus und Materialismus

1. Vor allem im Lichte dieser Wahrheit wird ganz deutlich, daß man das Kapital nicht von der Arbeit trennen und weder die Arbeit gegen das Kapital noch umgekehrt das Kapital gegen die Arbeit in Gegensatz stellen kann, und noch viel weniger – wie später zu erläutern sein wird – die konkreten Menschen, die jeweils hinter den Begriffen stehen. Richtig, das heißt der Natur der Sache gemäß richtig, m.a.W. innerlich wahr und zugleich zulässig kann nur eine Ordnung des Arbeitslebens sein, die den Gegensatz zwischen Arbeit und Kapital schon in ihrer Grundlage überwindet und darauf angelegt ist, das oben dargestellte Prinzip zu verwirkli-

chen, wonach der Arbeit ein wesentlicher und wirksamer Vorrang zukommt, weil die Arbeit von ihrem Subjekt her gesehen menschlich ist und demzufolge der arbeitende Mensch entscheidenden Anteil am ganzen Produktionsprozeß hat, unabhängig von der Art der von ihm erbrachten Leistung.

2. Der Gegensatz zwischen Arbeit und Kapital hat seinen Ursprung nicht in der Struktur des Produktionsprozesses selbst noch auch in jener des Wirschaftsprozesses im ganzen. Dieser Prozeß zeigt vielmehr, daß die Arbeit und das, was wir gewöhnlich unter Kapital verstehen, einander wechselseitig durchdringen und unauflöslich aufeinander angewiesen sind.

14. Arbeit und Eigentum

4. Im vorliegenden Dokument, dessen Hauptgegenstand die menschliche Arbeit ist, soll all der Nachdruck bekräftigt werden, mit dem die kirchliche Eigentumslehre sich bemüht hat und allzeit bemüht bleibt, dem Primat der Arbeit und damit dem Subjektcharakter des Menschen im sozialen Leben und vor allem in einer dynamisch gewordenen Wirtschaft zu sichern. In dieser Hinsicht bleibt der Standpunkt eines harten Kapitalismus, der das ausschließliche Recht des Privateigentums an den Produktionsmitteln wie ein unantastbares *DOGMA* des Wirtschaftslebens verteidigt, nach wie vor unannehmbar …

RECHTE DES ARBEITENDEN MENSCHEN

18. Die Beschäftigungsfrage

1. Geht es um die Rechte der Arbeitenden gerade im Verhältnis zu diesem Arbeitgeber (Gemeinwesen, Staat, gem. LE 17,2), das ist zu dieser Vielzahl der für die ganze Zielrichtung der Arbeitspolitik nationalen und internationalen Instanzen, dann verdient an allererster Stelle eine ganz grundlegende Angelegenheit unsere Aufmerksamkeit, nämlich die Sorge um Arbeitsgelegenheit unsere Aufmerksamkeit, mit anderen Worten, allen Arbeitsfähigen angemessene

Beschäftigung zu sichern. Das gerade Gegenteil eines gerechten und geordneten Zustandes auf diesem Gebiet ist die unfreiwillige Arbeitslosigkeit, der Mangel an Arbeitsplätzen für Arbeitsfähige …

Pflicht der Institutionen, die hier unter dem Namen des mittelbaren Arbeitgebers verstanden werden, ist es, die Arbeitslosigkeit zu bekämpfen, die in jedem Fall ein Übel ist, wenn sie große Ausmaße annimmt, zu einem sozialen Notstand werden kann. Zu einem besonderen Übelstand wird sie, wenn sie vor allem die Jugendlichen trifft, die nach einer entsprechenden allgemeinbildenden, technischen und beruflichen Vorbereitung keinen Arbeitsplatz finden können und ihren ehrlichen Arbeitswillen, verbunden mit ihrer Bereitschaft, die ihnen zukommende Verantwortung für die wirtschaftliche und soziale Entwicklung der Gesellschaft zu übernehmen, schmerzlich enttäuscht sehen.

20. Bedeutung der Gewerkschaften

7. Bei ihrem Einsatz für die berechtigten Forderungen ihrer Mitglieder bedienen sich die Gewerkschaften auch des Mittels des Streiks, das heißt der Arbeitsniederlegung, die sie als eine Art von ultima ratio bezeichnen, mit der sie sich an die zuständigen Stellen und vor allem an die Arbeitgeber richten. Diese Verfahrensweise wird von der katholischen Soziallehre als unter den notwendigen Bedingungen und in den rechten Grenzen erlaubt anerkannt.

26. Christus, ein Mann der Arbeit

1. … und eben darum war dieses ebenfalls ein »Evangelium der Arbeit«, weil der, der sie verkündete, selbst ein Mann der Arbeit war, der handwerklichen Arbeit wie Josef von Nazareth …

5. … Durch sein Werk formt der Mensch nicht nur die Dinge und die Gesellschaft um, sondern vervollkommnet er sich auch selbst. Er lernt vieles, entwickelt eine Fähigkeit, überschreitet sich selbst und wächst über sich selbst empor. Ein Wachstum dieser Art, ist richtig verstanden, mehr wert als zusammengeraffter Reichtum …

Richtschnur für das menschliche Schaffen ist daher, daß es gemäß dem Plan und dem Willen Gottes mit dem echten Wohl der Menschheit übereinstimmt und dem Menschen als Einzelwesen und als Glied der Gesellschaft gestatte, seiner ganzen Berufung nachzuleben und sie zu erfüllen.

Zwölf Thesen gegen die Maßlosigkeit[19]

<u>These 1</u>: Ohne Selbstbeschränkung und Selbstdisziplin kann kein Gemeinwesen leben. Jede Gemeinschaft braucht Spielregeln, braucht Normen, nach denen der einzelne sich richten kann, auch bestimmte Bindungen und Traditionen sind unentbehrlich.

Unlimitierte Liberalisierung, Freiheit ohne Selbstbeschränkung, führt ins Chaos und schließlich zu ihrer Antithese: dem autoritären Zwang. Jede Gesellschaft braucht einen ethischen Minimalkonsens, ohne ihn zerbröselt sie. Ralf Dahrendorf, der Liberale, warnt vor dem Schreckgespenst, daß »Freiheit zu jenem existenzialistischen Alptraum wird, in der alles geht und es auf nichts mehr ankommt«.

<u>These 2</u>: Das ungebremste Streben nach immer neuem Fortschritt, nach immer mehr Freiheit, nach Befriedigung ständig steigender Erwartungen zerstört jede Gemeinschaft und führt schließlich zu anarchischen Zuständen. Harmonie und Stabilität kann es unter solchen Zuständen nicht mehr geben.

<u>These 3</u>: Die wichtigste Forderung an den einzelnen und an die Gesellschaft heißt Maßhalten, heute aber lautet die Lösung: Maximierung – alles muß immer größer werden, es muß immer mehr Freiheit, Wachstum, Profit geben.

Das Wesen der Marktwirtschaft ist der Wettbewerb, und der Motor des Wettbewerbs ist der Eigennutz. Wenn jeder soviel wie möglich produziert und konsumiert, dann ist angeblich für die Gemeinschaft das Optimum erreicht. Aber der Zwang zur Gewinnmaximierung zerstört jede Solidarität und läßt ein Verantwortungsbewußtsein gar nicht erst aufkommen. Wenn jeder sich nur auf seine Leistung konzentriert und auf seinen Lustgewinn und die Verantwortung für das Gemeinwohl dem Staat überläßt, dann geht die Gemeinschaft vor die Hunde.

---

19 In »Zivilisiert den Kapitalismus« von Marion Gräfin Dönhoff, DVA 1997.

These 4: Die Überbetonung von Leistung, Geldverdienen und Karriere – die das Wirtschaftliche in den Mittelpunkt des Lebens stellt – führt dazu, daß alles Geistige, Humane, Künstlerische an den Rand gedrängt wird.

Unsere Zeit ist charakteristisch durch totalen Positivismus. Eine ausschließliche Diesseitigkeit schneidet aber den Menschen von seinen metaphysischen Quellen ab; denaturiert ihn zur Maschine und liefert ihn ohne Korrektur seinem eigenen Dünkel und Machtstreben aus. Ein solches System als einzige Sinngebung kann den Menschen auf die Dauer nicht befriedigen, weil es jede Tiefendimension vermissen läßt. Max Weber hat von der »entzauberten Gesellschaft« gesprochen, »in die der aus der Heilsgewißheit Herausgelöste entlassen worden ist«.

These 5: Gerade in der heutigen Welt mit ihren vielfältigen Versuchungen und Reizangeboten wächst das Verlangen nach moralischer Grundorientierung und einem verbindlichen Wertesystem.

Vieles von dem, worunter wir leiden: zunehmende Kriminalität, Brutalisierung im Alltag, Korruption bis in die höchsten staatlichen Stellen, hängt damit zusammen, daß es keine ethischen Normen und keine moralischen Barrieren mehr gibt.

These 6: Es ist verständlich, daß nach der langen Periode autoritären Mißbrauchs staatlicher Macht der Drang nach Freiheit besonders groß war, aber Freiheit ohne Grenzen mündet eben am Ende automatisch in ein autoritäres Regime. Vor allem im Zeitalter der Marktwirtschaft, wo die Leute ihren Ehrgeiz darauf richten, möglichst viel Geld zu verdienen – egal wie –, hat sich die Bereicherungsmentalität über alle Gebiete verbreitet. Darum gibt es so viel Filme und Videos, die Gewalt, Sex und Crime zum Thema haben, weil sie die höchsten Einschaltquoten und damit den höchsten Verdienst garantieren. Die American Psychological Association berichtet, daß ein Fünfzehnjähriger etwa 6000 Morde auf der Mattscheibe gesehen hat, sowie 10 000 Gewalttaten und daß er mehr Stunden vor dem Fernseher zugebracht hat als in der Schule.

These 7: Vor allem im Bereich der Wirtschaft herrscht bedenkenlose Maßlosigkeit. Immer wieder heißt es, Wachstum sei notwendig als Antwort auf Armut und Unterentwicklung. Nicht bedacht wird, daß Wachstum unter Umständen ärmer macht, weil die ökologischen Kosten (noch mehr abgeholzte Wälder, noch mehr CO_2, noch mehr Giftstoffe für die Landwirtschaft) den Nutzen aus dem Wachstum übersteigen.

Wir verbrauchen das Kapital kommender Generationen durch wachsende Verschuldung und verringern dadurch die Möglichkeit zukünftigen Konsums. Wir haben ferner, ohne genügend darüber nachzudenken, den Grad sozialer Wohlfahrt so weit gesteigert, daß manche Länder und viele Gemeinden kurz vor dem Zusammenbruch stehen.

These 8: Niemand hat heute eine Vision. Niemand sagt, was werden soll und wo es langgeht. Das geistige Leben ist durch Ratlosigkeit und beklemmende Leere charakterisiert. Aldous Huxley 1922 mit der Utopie »Brave New World« und 1935 George Orwell in der ironischen Fiktion »1984« orakeln, welche Entwicklung unsere Zivilisation nehmen wird. Heute gibt es niemanden, der orakelt.

These 9: Heute sind die Politiker frustriert und die Bürger verdrossen, die großen klassischen Parteien ziehen immer weniger Wähler an, die Wahlbeteiligung geht zurück, und das Mißtrauen gegenüber den demokratisch-legitimierten Institutionen des Staates nimmt zu. Die Demokratie ist bei uns nicht durch rechtsradikale Gruppen gefährdet, sondern allein durch sich selbst; durch Übertreibung ihrer eigenen Prinzipien, also durch ausufernde Marktwirtschaft und unbegrenzte Freiheit.

Wenn diese Entwicklung so weiter geht, dann kann ich mir vorstellen, daß in zehn Jahren der Kapitalismus ebenso zugrunde geht wie der Marxismus.

These 10: Was kann, was muß geschehen? Leider gibt es in der Politik keine Rezepte wie in der Küche:

Man nehme ein Pfund Zucker und sechs Eier ... Notwendig ist, daß die Maßstäbe, das Klima, ja die Menschen sich selbst ändern. Das aber kann nicht durch Gesetz oder Anordnung veranlaßt werden; das kann nur aufgrund von Sensibilisierung des Rechtsbewußtseins geschehen.

Denkbar ist auch, daß eines Tages die Bürger die Nase voll haben und sich etwa ganz anders – wahrscheinlich dann das Gegenteil – wünschen; auf das dialektische Gesetz ist immer noch Verlaß.

<u>These 11</u>: Die Frage hieß: Haben wir uns zu Tode liberalisiert? Die Antwort lautet: Die ungebremste Liberalität hat zu übergroßer Laxheit geführt. Das Unrechtsbewußtsein der Amtsträger, die Entscheidung zu treffen haben oder Genehmigungen erteilen, ist im Schwinden begriffen. Übrigens: Wenn der Staat selbst die sogenannten nützlichen Abgaben, das heißt die Schmiergelder, die die industriellen Unternehmen zahlen, um im Ausland einen Auftrag zu bekommen, als »steuerabzugsfähig« anerkennt, dann braucht man sich nicht zu wundern, wenn Steuerhinterziehung als Kavaliersdelikt betrachtet wird.

<u>These 12</u>: Der Rechtsstaat, als Gewaltenteilung, Pluralismus, the rule of law, das sind nur die Voraussetzungen und der Rahmen für eine zivile Gesellschaft. Entscheidend ist, was die Bürger daraus machen, also die Gesinnung der Menschen und ihr Verhalten. Diejenigen, die Verantwortung tragen, sollten ihren Eigennutz nicht über das Gemeinwohl stellen.

Es kann doch nicht sein, daß eine säkularisierte Welt notwendigerweise bar aller ethischen Grundsätze ist. Es muß doch möglich sein, die marktwirtschaftlichen Strukturen so zu ergänzen, daß die Menschen veranlaßt werden, sich menschlich zu verhalten und nicht wie Raubtiere nach Beute gieren.

Resümee dieser Betrachtungen: Alles hängt von den Menschen ab – von jedem einzelnen von uns.

Otmar Ambos

EB.
An die
Parteivorsitzenden von
CDU/CSU u. SPD
Berlin u. München

53879 Euskirchen 26.4.06
Im Kleinefeldchen 3 a

Moral und Gerechtigkeit haben nichts mit der Macht gemein. OA

<u>Parteiprogramme</u>

Verehrte Frau Dr. Merkel,
sehr geehrter Herr Dr. Stoiber,
sehr geehrter Herr Beck,

die Parteien sind dabei, sich inhaltlich neu zu outen. Ich gehe davon aus, daß die neuen Programme das Wahlvolk mitnehmen sollen, daß die Regierenden über das Maß einer neuen Gerechtigkeit und über den sozialen Frieden im Lande nachdenken werden. Vielleicht können die päpstlichen Sozialenzykliken hilfreich sein, um die Arbeit und das vagabundierende Kapital zum Ausgleich zu bringen. Für Sozialdemokraten war die römische Medaille stets Gift aus der Kanne, obwohl die verkörperten Werte dicht beisammen waren. Als der ehem. Kanzler auf dem Hügel bei Kerpen den Hl. Vater besuchte, war mir so fröhlich ums Herz. Was folgte, waren die unerträglichen Bosheiten über die designierte Kanzlerin der CDU.

Die Ausführungen des fr. Parteivorsitzenden Platzeck im Spiegel 15/2006 und die Aussagen des neuen SPD-Vorsitzenden Beck habe ich natürlich gelesen. Nun, Papier ist geduldig; an den Taten müssen sie gemessen werden. Als alter Wähler (bis 2001 Kölner Bürger im rhein. Klüngelreich!) verfolge ich die Politik seit der Schaffung des Grundgesetzes. Mir sind als damaliger Studierender der Verwaltungswissenschaften auch alle Umstände bekannt, die

100

die Verfassungsväter begleitet haben. Mit großem Bedauern habe
ich zur Kenntnis nehmen müssen, wie nach der Wende die Verfas-
sungswende mit dem Zutun der Herrn Schäuble und Krause und
dem Herrn Prof. Rupert Scholz vergeigt worden ist.

Die Parteien im Deutschen Bundestag wollten keinen Verfassungs-
konvent (anders die Aussage in der Präambel des GG), sie wollten
keine Neuordnung des Staats (Art. 29 GG), sie wollten auf den
alten Gleisen weiterfahren, ohne plebiszitäre Elemente. Es hatte
sich im alten westd. Reich bewährt, das Wahlvolk auf die Stimmabgabe zu beschränken – anders dagegen in zahlreichen Ländern
mit unterschiedlichen Hürden. Es ist aber geschichtlich noch nicht
aller Tage Abend; keine Gewähr bietet auf Dauer die Garantie aus
Art. 79 Abs. 3 GG.

Dem Grunde nach wäre ich im Hinblick auf das legale Verpras-
sen der Staatsfinanzen durch die Parteien auswanderungswillig,
wie tausende Ärzte das Land schon verlassen haben als Folge
der rot-grünen Gesundheitspolitik (Budgetstrangulationen zum
Schaden der Patienten).

Von den Parteien (ohne die Linke, ohne FDP und ohne Grüne)
erhoffe ich wegweisende Schritte zu folgenden Problemberei-
chen:

1) Die Demokratie muß inhaltlich vom Kopf her reformiert
   werden. Die Parteienoligarchie muß beseitigt werden mit
   dem totalen Zugriff auf die Staatsfinanzen (vgl. Hans Apel in
   »Die deformierte Demokratie«, DVA).
   Unverantwortlich ist der Zugriff der Parteien auf die Staatsfinanzen mit rd. 1 Milliarde DM vor dem 1.1.2002 (von Arnim
   in »Das System«, Knaur), alle vier Jahre. Die Wahlkampffinan-
   zierung nach der faktischen Stimmabgabe ist gerechtfertigt,
   die Bezahlung nach der fiktiven Wählerzahl ist unmoralisch.

2) Das Parteiengesetz mit der Finanzierung der Parteien und
   ihren Ablegern (Stiftungen) sollte fallen, weil die Parteien
   allesamt dem Gesetzesauftrag nicht gerecht werden.

Die Parteien müssen sich aus den Mitgliedsbeiträgen und Spenden finanzieren. Bei den Spenden darf nicht aus dem Staatshaushalt draufgesattelt werden!

3) Das Bundestagswahlrecht bedarf der gründlichen Erneuerung. Bereits der Kulturphilosoph u. Essayist Ortega y Gasset erkannte

»Das Heil der Demokratie hängt von einer geringfügigen techn. Einzelheit ab: vom Wahlrecht. Alles andere ist sekundär.«
Abraham Lincoln setzte – seiner Zeit weit voraus! – noch einen davor:
»Man kann alle Menschen eine gewisse Zeit und manche Menschen die ganze Zeit, aber niemals alle Menschen die ganze Zeit täuschen.«
Von den Philosophen der Neuzeit (Karl Jasper) mit der Frage »Wohin treibt die Bundesrepublik?« will ich nicht erst sprechen, weil die Frage leider von den Parteien nicht verstanden worden ist – beantwortet ist die Frage allemal.
Nehmen Sie den früheren gemeinsamen Ansatz zur Schaffung des Mehrheitswahlrechtes (nach engl. Vorbild) wieder auf; es bedarf der einf. parl. Mehrheit. Sie sind dann die kl. Wortführer los. Die Wahlkreiskandidaten müssen sich durchsetzen in direkter Wahl mit der Folge, daß sich das Parlament intellektuell (geistig) erneuert. Der Direktkandidat muß sich in der Wahlperiode im Wahlkreis produzieren, er muß über seine Arbeit und die seiner Partei Rechenschaft legen. Dabei wird das Wahlvolk mitgenommen. Niemand kann sich mehr als »Stimmvieh« fühlen oder sagen »Die da oben machen doch was sie wollen«.
Auch Kandidaten anderer Parteien können in den BT einrücken, wenn sie sich im Wahlkreis durchgesetzt haben (Lord Dahrendorf, früher FDP).
Last not least:
Auch das passive Wahlrecht muß geändert werden:
Angehörige der Exekutive haben im Parlament nichts verlo-

ren! Bereits Prof. Olaf Henkel hat in der Literatur und im dt. Fernsehen darauf hingewiesen, daß das durch einf. Gesetzänderung möglich ist.

<u>Nach diesem Schritt</u> läßt sich auch über eine Neuordnung des dt. Beamtenrechtes (Art. 33, Abs. 4 u. 5 GG) nachdenken. Vgl. auch Olaf Baale in »die Verwaltungsarmee« (dtv-premium).

4) <u>Soziale Gerechtigkeit – fraglich</u>

Der abgewählte Kanzler und der damalige Parteivorsitzende haben im letzten Wahlkampf stets die soziale Gerechtigkeit für ihr politisches Handeln reklamiert. Mit allem Nachdruck haben sie die Unionschristen mit den Neoliberalen neuerer Prägung in einen Topf geworfen. Der Hl. Vater hat verabsäumt, diesen Parteifürsten mit dem Holzhammer aufs Gemüt zu klopfen.

Spätestens mit dem RV-Nachhaltigkeitsgesetz über die Absenkung der Sozialversicherungsrenten auf der Basis von 46 v.H. des durchschnittlichen Lebenszeiteinkommens (faktisch bei Krankheit oder Arbeitslosigkeit bei 37 v.H.) hatten die Sozialisten bei mir, meinen Verwandten, Freunden und Bekannten verloren (die Sozialverbände haben ihre Zeit verschlafen einschl. der *DGB*!). Ausschlaggebend war dabei die Festschreibung der Ruhestandsgelder für Beamte auf 71 % – ? der letzten Dienstbezüge. Von sozialer Gerechtigkeit war nichts spürbar. Die unterschiedlichen Rechtsgrundlagen reichen als Rechtfertigung für die unterschiedliche Behandlung der Menschen im Alter nicht aus. Sozialdemokraten haben sich vermutlich mit ihrem Sozialexperten Müntefering nie Gedanken darüber gemacht, wie ein Leben in *Würde* auszusehen hat. Altersghettos für ausgediente Arbeitnehmer mit einer Wochenendversorgung aus den Gulaschkanonen der Parteien oder Wohlfahrtsverbänden dürften doch wohl kaum zum Plan der Sozialstaatsgestaltung gehören. *Oder*?

Sozial gerecht ist eine Altersversorgung für alle Arbeit- und Dienstnehmer auf einer Lebensleistung angepaßten vergleichbaren *Höhe*. Nicht die Absenkung war das Gebot der Stunde, sondern die Lebenszeitabsicherung auf hohem Niveau (etwa bei 70 v.H.).

Nicht außer acht gelassen werden können die hinausgeworfenen Abfindungssummen für Politiker und der parl. Staatssekretäre nach jedem Wahlwechsel in einer für das gemeine Volk undurchsichtigen Höhe. Der Spiegel hat sehr deutlich die Frage nach der Notwendigkeit von parl. Staatsdienern im Betrieb der Ministerien behandelt, mit einem vernichtenden Urteil für die Parteifürsten.

Experte für Reform bei Beamtenpensionen

Ohne Änderungen würden die Ausgaben für Ruhegelder von Staatsdienern bis 2025 auf mehr als 50 Milliarden Euro steigen.

VON GÜNTHER M. WIEDEMANN

Köln - Beamte sollen künftig deutlich geringere Pensionsansprüche erwerben. Dies fordert der Kölner Hochschullehrer Eckart Bomsdorf, einer der führenden Experten in Sachen Demographie und Alterssicherungssysteme. „Die Pensionen sind auf Dauer nicht mehr in der bisherigen Höhe finanzierbar", sagte der Wissenschaftler dem „Kölner Stadt-Anzeiger". Denn in den nächsten 20 Jahren werden die Ausgaben des Staates für Pensionen um 50 Prozent steigen auf über 50 Milliarden Euro. Bomsdorf fordert deshalb eine grundlegende Reform: Die Pension soll sich „künftig nicht mehr nach der letzten Besoldungsgruppe und Dienstaltersstufe richten, sondern an der Lebensleistung orientieren wie die gesetzliche Rente auch."

Derzeit bekommen Beamte 71,75 Prozent ihrer letzten Bezüge als Pension. Vor dem Wechsel in den Ruhestand ist das Einkommen in der Regel aufgrund der Höherstufungen deutlich höher als zu Beginn eines Arbeitslebens, zumal bei Beamten. Die Rente richtet sich dagegen nicht ausschließlich nach dem letzten Verdienst, sondern basiert auf dem während des gesamten Arbeitslebens erzielten Einkommen. Dieses Prinzip will Bomsdorf auf die Pensionen übertragen. Nach seinen Berechnungen würde dies bei Beamten im einfachen Dienst die Pensionen etwa um fünf Prozent senken. „Im höheren Dienst wäre ein Minus von bis 25 Prozent die Folge. Das würde sich schon bemerkbar machen", urteilt Bomsdorf.

Er rät der Politik, seinen Vorschlag nicht nur bei Neueinstellungen anzuwenden, sondern an einem Stichtag das Prinzip generell umzustellen. Bereits erworbene Ansprüche sollen weiter gelten, neue dagegen nur nach dem neuen Prinzip erworben werden. Ferner fordert Bomsdorf, wie in der Rente das Pensionsalter auf 67 Jahre heraufzusetzen. Die Höchstpension soll erst nach 42 statt 40 Jahren erreicht, 13. Pension ganz gestrichen werden.

Ich bin mir sicher, daß Sie die Geister, die Sie (oder Ihre Vorgänger) gerufen haben, nicht mehr los werden.

Jedenfalls sind die Tage gezählt, an denen es den Parteien gelingt, den Haushaltsdruck auf die unteren sozialen Schichten abzuwälzen. Ich erinnere an den großen zitieren Abraham. Seite 102 oben.

<u>5) Neuordnung der Bundesländer</u>

Die Verfassung (besser Grundgesetz) sieht in Art. 29 die Neugliederung des Bundesgebietes mit Zustimmung des Volkes vor. Die betroffenen Länder sind nur zu hören. Packen Sie das heiße Eisen an, es geht um die sinnvolle Einsparung von Milliarden Euro, es geht um ein besseres (effektives) Staatswesen im Zeitalter der Globalisierung. Hier schlummern große Aufgaben für die so bedeutsamen großen Parteien, die bei der Willensgebung des Volkes mitwirken sollen.

Es geht nicht um die Pfünde für Landespolitiker, es geht um die fragliche Existenzberechtigung von 16 Bundesländern, 160 Ministerien, den vielen politischen und anderen Oberbeamten, und es geht um die Verwaltungsarmee von 8 Millionen Beschäftigten beim Bund, den Ländern, den Gemeinden und den sonstigen Funktionsträgern in den öffentl. rechtl. Stiftungen und Körperschaften. Hier steht ein Arbeitskapital ohne Gleichen in Bereitschaft. Das im Auftrag des fr. Bundesfinanzministers Eichel erstellte Gutachten befindet sich im Tresor des neuen Bundesfinanzministers – ein anderer Genosse. Das Gutachten sollte öffentlich gemacht werden.

<u>6) Einsatz für das Volk</u>

Erinnert werden muß an den Auftrag aus Art. 38 GG, wonach Abgeordnete an Aufträge und Weisungen nicht gebunden und nur ihrem Gewissen unterworfen sind. Daß eine Fraktion, die die Regierung stellt, einen inneren Zusammenhalt braucht, ist für mich klar wie das Wasser des Himmels.

Unerträglich ist aber, daß subalterne Parteisoldaten Abgeordnete, die in schwierigen sozialpolitischen Entscheidungen ihrem Gewissen und nicht einem sogen. Fraktionszwang folgen wollen, gemaßregelt werden mit der Androhung, künftig keinen Platz mehr auf der Landesliste der Partei zu finden (Münte gegenüber den 7 Abweichlern). Parteisoldaten dieser Art sind in einer Demokratie fehl am Platz.
Derartige Machenschaften werden bei Direktwahlen unmöglich (siehe Mehrheitswahlrecht).
In diesem Zusammenhang sollten auch die Kriterien für andere Erwerbs- oder Beratertätigkeiten von Abgeordneten erneut überdacht werden. Jede Partei kann für sich mit gutem Beispiel vorangehen. Wer glaubt, neben dem Fulltimejob als Abgeordneter anderen Tätigkeiten mit hohen Einkünften nachgehen zu können, soll das vor jeder Wahl im Wahlkreis offenlegen, und zwar den Auftraggeber/die Auftraggeber und die Einkommenserlöse. Jeder Wähler hat Anspruch darauf zu erfahren, wer zwei Herren dient und wer der andere Herr ist. Lobbyisten aus Industrie, Handel u. Gewerbe können ihre Interessen bei den Regierungen vorbringen, im Parlament haben sie als Volksvertreter keinen Platz!
Die Parteien werden hier *Umschau* halten müssen.
Die Moral der engl. Parlamentarier ist mit der unseres hohen Hauses nicht vergleichbar. Im Königreich meldet sich jeder Abgeordnete mit seiner Wortmeldung und vor einer Stimmabgabe, wenn er ein Interesse (eines anderen oder einer Gruppe) vertritt. In unserem hohen Hause sind solche Regeln weder üblich noch im Ansatz erkennbar.
(Anlage aus »Hart aber fair«)

Es kann nur besser werden – die Hoffnung stirbt zuletzt.

Ich wünsche allen Parteivorsitzenden Glück und Erfolg mit *GOTTES HILFE!*

Hochachtungsvoll!

PS. In NRW existiert das schlechteste Wahlrecht – das Einstimmenlistenwahlrecht.

<u>Anlage zum Brief Otmar Ambos v. 26.4.06 an die Vors. CDU/CSU
u. SPD</u>

<u>WDR-Sendung »Hart aber fair« 12.1.2005</u>

(O-Ton Stuart)
I declare an interest – Ich vertrete ein Interesse – diesen einen
Satz haben die meisten britischen Abgeordneten schon einmal
gesagt. Auch Gisela Stuart. Die 49jährige ist in Deutschland ge-
boren, lebt aber seit 31 Jahren in England. Sie ist für Labour im
Parlament.

Und wer hier Abgeordneter ist, muß seine Nebentätigkeiten und
die Höhe seiner Nebeneinkünfte offenlegen und in Parlamentssit-
zungen sagen, wenn er in der Sache befangen <u>sein könnte.</u>

Gisela Stuart z.B. arbeitet als Journalistin. Geht es in einer Parla-
mentssitzung nun z.B. um die Veränderung des Presserechts, muß
sie, <u>bevor sie zur Sache spricht</u>, eben diesen einen Satz sagen:

I declare an interest.

Jeder soll wissen, daß nun eine Journalistin spricht, die ein eige-
nes Interesse hat oder in der Sitzung die Interessen ihrer Zeitung
vertritt.

<u>x) Welche Nebentätigkeiten und Nebeneinkünfte müssen ange-
geben werden?</u>
(O-Ton Stuart)
Alles über 1 % des Jahreseinkommens, also 600 Pfund …

Alles über umgerechnet 850 Euro muß also angegeben werden.
Auch im Internet. So kann jeder nachlesen, was z.B. Tony Blair an
Mieteinkünften aus seinen beiden Wohnungen und aus seinem
Haus bezieht.

<u>x) Was passiert, wenn ein Abgeordneter vergißt, sein Interesse
dem Parlament kundzutun?</u>
(O-Ton Stuart)

Dann muß man aufstehen und sich vor der Kammer entschuldigen ...

Wie hoch die Nebeneinkunft war ist dabei egal – auch eine Einladung zum Formel-1-Wochenende muß angegeben werden.

In England gilt:

Nebenverdienste sind o.k. – aber sie müssen auch der Höhe nach offengelegt werden.

x) Was raten Sie ihren Kollegen im Deutschen Bundestag?
(O-Ton Stuart)
Nebeneinkünfte müssen offengemacht werden ...

Anmerkung:
Je eine Kopie des Briefes vom 26.4.06 abgesandt an:
Dr. Wolfgang Bosbach, CDU
Dr. Peter Ramsauer, CSU
Dr. Norbert Lammert, CDU
Horst Seehofer, CSU
Hildegard Müller, CDU
Alexander Dobrindt, CSU
Dr. Hans-Peter Friedrich, CSU
Dr. Dieter Wiefelspütz, SPD
Dr. Wolfgang Thierse, SPD
Heidemarie Wieczorek-Zeul, SPD
Dr. Däubler-Gmelin, SPD
Dr. Peter Dankert, SPD
Prof. Dr. Karl Lauterbach, SPD
Hans Eichel, SPD
Carsten Schneider (Erfurt), SPD
Horst Schmidbauer (Nürnberg), SPD (nicht mehr im BT)
Walter Riester, SPD
Dr. Anette Schavan, CDU
Dr. Sigrid Skarpelis-Sperk, SPD (nicht mehr im BT)
Dr. Ursula von der Leyen, CDU
Dr. Otmar Schreiner, SPD
Prof. Eckart Bomsdorf, Uni Köln
Andrea Nahles, SPD

Es erging weder eine Sachantwort noch eine Eingangsbestätigung
vom <u>Kartell des Schweigens</u>!

Anspruch und Wirklichkeit: CDU[20]

Das typisch Pharisäerhafte ist das Auseinanderklaffen von Anspruch und Wirklichkeit. Nach Heinrich Heine sind damit alle gemeint, die Wasser predigen, aber selber insgeheim Wein trinken, die Forderungen erheben, Ansprüche definieren, aber sich selber nicht daran halten.

In der Politik trifft man solche Leute haufenweise an.

Seit Gründung der CDU zum Beispiel ist das »C« in ihrem Namen für viele zu einer Provokation geworden, ja sogar zu einer großen Lüge einer politischen Partei. Manche sehen in dem »C« auch einen anmaßenden Versuch, in einer Welt des Pluralismus das politische Leben nach den Prinzipien einer bestimmten Religion gestalten zu wollen. In wichtigen Fragen handle sie ausgesprochen unchristlich, sie wolle den Sozialstaat abbauen, beute die Natur aus, exportiere Waffen, schlage nationalistische und fremdenfeindliche Töne gegenüber Ausländern an und diskriminiere in der Praxis Fremde in jeder Form. Die CDU muss sich in der Tat die Frage gefallen lassen, warum sie immer dann an vorderster Front zu finden ist, wenn Restriktionen gegen Ausländer beschlossen werden sollen: Abschiebung illegal Eingewanderter, unabhängig von der Frage, welche Auswirkungen eine Abschiebung auf die Kinder der betreffenden Familie hat, oder die Nichtanerkennung so genannter nichtstaatlicher und geschlechtsspezifischer Verfolgung als Asylgrund.

Und warum lässt die Führung der Partei es zu, dass einige sich besonders hervortun, wenn es gegen Minderheiten geht, seien es Sinti und Roma, Homosexuelle und Lesben oder Wehrmachtsdeserteure?

Jeden Sonntag oder zumindest an den großen Feiertagen feierlich in die Kirche zu gehen, als politische Schausteller sozusagen

---

20 Aus »Was würde Jesus heute sagen?« von Heiner Geissler, November
    2004, Rowohlt-Verlag rororo 61594

»ihre Gebetsriemen breit und ihre Quasten groß zu machen«
(Mt 23,5), aber gleichzeitig tiefe Einschnitte ins soziale Netz, die
Kürzung der Sozialhilfe zu verlangen, den Kündigungsschutz abzu-
schaffen, Lohndumping als Wettbewerbselement zuzulassen, statt
einer Bürgerversicherung das Risiko von Krankheit und Pflegebe-
dürftigkeit zu privatisieren und auf den Kapitalmarkt zu verfrach-
ten, ist nicht nur ökonomisch falsch, sondern führt wie in den USA
zu einer Spaltung der Gesellschaft und ist mit der Botschaft des
Evangeliums nicht zu vereinbaren.

Es gibt daher in der CDU nicht wenige, die das Streichen des
»C« aus dem Namen verlangen, viele auch aus der inneren Über-
zeugung, dass Moral in der Politik ohnehin nichts verloren habe,
die also ähnlich denken wie Bismarck. Diese Letzteren sind sicher
die Ehrlicheren, und man wird sie nicht als Pharisäer bezeichnen
können.

Das Wort christlich im Namen einer politischen Partei kann
man überhaupt nur durch zweierlei rechtfertigen: Erstens ist das
Menschenbild des Evangeliums eine unverzichtbare Voraussetzung
für eine ethisch relevante Politik. Zweitens muss man sich der
Fehlerhaftigkeit des eigenen Tuns auch in der Politik immer be-
wusst sein, aber dennoch einen Anspruch aufrechterhalten und
sich ständig anstrengen, ihm gerecht zu werden. Man könnte es
auch umgekehrt sagen: Wenn das »C« im Namen der CDU gestrichen wird, gibt man einen substanziellen Anspruch auf. Wo-
möglich strengen sich die Verantwortlichen und Mitglieder dieser
Partei dann überhaupt nicht mehr an, moralischen oder ethischen
Grundwerten in der Politik zu entsprechen. Die CDU könnte zu
einer konservativen Partei degenerieren wie die Tories in England.
Die Messlatte liegt also hoch, und sie wird oft gerissen. Aber wenn
der Anspruch nicht bleibt, dann macht sich eben auch keiner mehr
die Mühe, über diese Latte zu springen.

Die CDU hat sich in den letzten Jahren vor allem dadurch pro-
filiert, dass sie wie die Kirchen beim Embryonenschutz eine besonders restriktive Haltung eingenommen hat. Ich kann verstehen,

dass man für den Vierzeiler in der Petrischale den Schutz nach Art. 1 des Grundgesetzes fordert, ihn sozusagen aus Sicherheitsgründen in das früheste Entwicklungsstadium vorverlegt, weil man nicht wissen kann, wann der Mensch wirklich entsteht. Dass aber »überzählige« Embryonen – zur Erfüllung eines Kinderwunsches künstlich erzeugt und dafür nicht mehr notwendig – lieber tiefgekühlt dauergelagert oder vernichtet werden sollen, als der Forschung zur Bekämpfung von Parkinson und Querschnittslähmung zu dienen, ist ein Widerspruch, den Jesus, davon bin ich überzeugt, zugunsten der kranken Menschen auflösen würde.

Ich bin mir im Lichte der Pharisäerreden auch ziemlich sicher, wie Jesus die Tatsache beurteilt hätte, dass bei dem Votum über den Embryonenschutz im Deutschen Bundestag die Abstimmung freigegeben wurde, während Fraktionszwang galt, als es nicht um den Schutz von Vierzellern in der Petrischale ging, sondern z.B. um das Bleiberecht von lebendigen Kindern illegal Eingewanderter. Einige haben sich bei der Abstimmung Gott sei Dank nicht an diesen Fraktionszwang gehalten.

Anspruch und Wirklichkeit: SPD

Auch der Anspruch, sozial zu sein, kann zur pharisäerhaften Attitüde werden, wenn eine Partei wie die SPD in Zeiten von 4,5 Millionen arbeitslosen Arbeitnehmern die Bezugsdauer des Arbeitslosengeldes mit der Begründung kürzt, dadurch werde für diese Arbeitnehmer der Druck größer, möglichst rasch wieder eine Arbeit aufzunehmen. Da älteren Arbeitslosen ein neuer Job gar nicht angeboten wird und sie deshalb auch keinen finden können, ist die Kürzung dieser Versicherungsleistung für Leute, die ein Leben lang gearbeitet haben, reiner Zynismus.

Die Eliten eines Volkes müssten auch bereit sein, die Lasten, die sie anderen aufbürden, selber zu tragen. Wenn das Arbeitslosengeld nach einem Jahr auf Sozialhilfeniveau gekürzt wird, dann müsste dies eigentlich auch für Übergangsgelder von Ministern und Staatssekretären gelten.

Neoliberale in der CDU lassen sich auch nicht lumpen und meinen, im ersten Monat der Arbeitslosigkeit könnten die Leute mit nur 75 Prozent des Arbeitslosengeldes noch ganz gut auskommen (das Arbeitslosengeld beträgt im Schnitt ca. 60 Prozent des Nettolohns). Roman Herzog und die Wirtschaftsvereinigung der CDU vertreten sogar die Auffassung, im ersten Monat brauchten die Arbeitslosen überhaupt kein Geld; wahrscheinlich mit der Begründung, sie würden ja auch nicht arbeiten.

Nun ist aber die Arbeitslosenversicherung, wie der Name sagt, eine Versicherung. Woche für Woche werden Beiträge für den Fall bezahlt, dass der Risikofall der Arbeitslosigkeit eintritt. Nehmen wir mal an, Einbrecher schlagen in Abwesenheit des Hausbesitzers das Mobiliar kurz und klein. Dann erklärt seine Hausratsversicherung: »Geld gibt es keines. Warum haben Sie denn die Einbrecher hereingelassen?« Solche rechts- und verfassungswidrigen Spielchen mutet man aber den Arbeitslosen zu. Dass sie nach einem Jahr einen Job auch unterhalb des Tariflohns annehmen müssen, obwohl sie davon gar nicht leben können, ist »Working poor« der USA und zerstört Ehen und Familien.

Nach dem, was wir inzwischen von Jesus wissen, kann man sich leicht vorstellen, dass er solche Vorschläge wie die Propheten Jesaja und Amos beurteilen würde:

Höret das Wort, ihr Vollgefressenen, die Hilflose unterdrücken, Bedürftige schinden und sagen: Schafft her, dass wir saufen!

Weil ihr von den Hilflosen Pachtgeld annehmt und ihr Getreide mit Steuern belegt, bringt ihr den Unschuldigen in Not!

Lasst ab von eurem üblen Treiben, hört auf, vor meinen Augen Böses zu tun. Sorgt für das Recht! Helft den Unterdrückten!
Verschafft den Waisen Recht, tretet ein für die Witwen! (Amos 4,1–3)

Aber die Schweizer könnten seinen Beifall finden, weil bei ihnen nicht nur Arbeitnehmer, sondern auch Millionäre, Hausbesitzer,

Beamte, Minister und Industrielle Mitglieder der gesetzlichen Rentenversicherung sind. Alle zahlen von allem für alle – eine moderne Form der Nächstenliebe, die dazu noch den Vorteil hat, dass sie finanzierbar ist.

Weiterführende Literatur

1) Jaspers in »Wohin führt die Bundesrepublik?«,
    1966 Piper-Verlag.
2) Apel in »Die deformierte Demokratie«, 1991,
    Deutsche Verlagsanstalt.
3) Von Arnim in »Das System« 2001,
    Droemersche Verlagsanstalt.
4) Von Arnim in »Der Staat als Beute« 1993, Knaur 80014.
5) Darnstädt in »Die Konsensfalle«, 2004, DVA.
6) Hannich, in »Staatsbankrott«, 2006, Kopp-Verlag.
7) Lauterbach in »Der Zweiklassenstaat«, 2007
    Rowohlt, Berlin.

Namensverzeichnis

A

B

C

D

E

F

G

H